江苏名镇

滨江镇志

泰兴市滨江镇志编纂委员会
江苏省地方志工作办公室
编著

JIANGSU
FAMOUS TOWN

ANNALS
OF
BINJIANG TOWN

南京出版传媒集团 南京出版社

图书在版编目（CIP）数据

江苏名镇．滨江镇志 / 泰兴市滨江镇志编纂委员会，江苏省地方志工作办公室编著．-- 南京 ：南京出版社，2024.12

ISBN 978-7-5533-4544-4

Ⅰ．①江… Ⅱ．①泰… ②江… Ⅲ．①乡镇—地方志—泰州 Ⅳ．① K925.35

中国国家版本馆 CIP 数据核字（2024）第 009792 号

书　　名　江苏名镇·滨江镇志
编　　著　泰兴市滨江镇志编纂委员会
　　　　　江苏省地方志工作办公室
出版发行　南京出版传媒集团
　　　　　南 京 出 版 社
　　　　　社址：南京市太平门街53号　　邮编：210016
　　　　　网址：http：//www.njcbs.cn　　电子信箱：njcbs1988@163.com
　　　　　联系电话：025-83283893、83283864（营销）　025-83112257（编务）

出 版 人　项晓宁
出 品 人　卢海鸣
责任编辑　严行健
装帧设计　良在设计
责任印制　杨福彬

排　　版　南京凯德印刷有限公司
印　　刷　南京凯德印刷有限公司
开　　本　787毫米×1092毫米　1/16
印　　张　16
字　　数　182千字
版　　次　2024年12月第1版
印　　次　2024年12月第1次印刷
书　　号　ISBN 978-7-5533-4544-4
定　　价　98.00元

用微信或京东APP扫码购书

用淘宝APP扫码购书

江苏名镇名村志
总序

江苏人文荟萃，文化底蕴深厚，享有“方志之乡”的美誉。历代志书不仅数量众多，良志辈出，而且镇村志编修也十分发达。仅明清两代，江苏就有镇村志239种，为全国仅有。党的十八大以来，地方志事业进入新的发展阶段。根据《国务院办公厅关于印发全国地方志事业规划发展纲要（2015—2020）的通知》对镇村志工作提出的新要求，2016年12月，省政府办公厅发文，启动全省名镇名村志编修。这是江苏镇村志编修的新的里程碑。

习近平总书记强调，乡土文化的根不能断。乡镇村庄是中华传统文化的根基，积淀了中华民族灿烂的农耕文明，见证了千百年来社会的发展变迁，寄托无数华夏儿女的乡愁记忆。江苏现有国家级和省级历史文化名城16座、历史文化名镇39个、历史文化名村18个、中国传统村落33个、历史文化街区99处。国家级历史文化名城、名镇和中国历史文化街区的数量均名列各省区首位。在这片肥沃的土地上，江苏人民世代躬耕劳作，留下了数量众多的名镇名村，催生了丰富多彩的乡土文化。有“人家尽枕河”的江南小镇，也有“两面云山一面湖”的淮海胜境；有“水光翻动五湖天”的自然景致，也有“听取蛙声一片”的农家村落。这些名镇名村所蕴含的优秀乡土文化，是中华传统文化的重要组成部分。

党的十九大提出乡村振兴战略。这是美丽乡村建设的关键举措，也是传承发展传统文化的有效途径。截至2018年底，我国常住人口城镇化率达59.58%，江苏达到69.61%。千百年来“暧暧远人村，依依墟里烟”的乡村中国，正在经历着人类历史上规模最大、速度最快的城镇化进程。如何处理好传统与现代、继承与发展的关系，如何把记忆留住、把乡愁留下，是摆在我们面前的一道必答题。江苏以高度的历史责任感，出台保护名镇名村的政策法规，探索保护名镇名村的路径方法，为社会经济发展留下文化根脉，让子孙后代望得见山、看得见水、记得住乡愁，众多名镇名村得到有效保护，不少名镇名村驰名中外，许多有益的探索弥足珍贵。这些可圈可点的江苏经验，是一笔不可多得的宝贵财富。

“直笔著信史，彰善引风气，为当代提供资政辅治之参考，为后世留下堪存堪鉴之记述。”省地方志办公室组织编纂的《江苏名镇名村志》丛书，旨在通过权威的地情资料，以突出“名”“特”的志书表达方式，记录名镇名村的前世今生，展示名镇名村的文化魅力，推介名镇名村的品牌价值，让乡愁记忆有所承载，让家国情怀有所寄托，为乡村振兴战略提供人文关怀，为新型城镇化建设提供历史智慧。

省地方志办公室坚持理念创新，引领工作创新，创造性地以编纂全媒体志书的思路指导江苏名镇名村志丛书的编纂。不仅积极抢救保存传统的村镇文化，更着眼未来，把宣传推介村镇文化、服务乡村振兴战略作为志书的重要使命，让名镇名村志成为当地名片。不仅如实记录名镇名村发展的历史，更适应当代记录手段的多样化，采用时尚图书的做法、按照最美图书的标准，改变以文字记录为主的传统方式，把音视频、图片与文字等量齐观，让读者在有限的时间和空间内获取最大的信息量，使名镇名村志从无声变成有声，从平面成为立体，从静态变为动态，真正为人民群众所喜闻乐见。

“君自故乡来，应知故乡事。”每一部志书，记载的都是一方水土上的人和事，都是一方人民的精神家园。希望大家在打开《江苏名镇名村志》，品读一个个鲜活的乡村故事的时候，努力地去触摸民族精神的灵魂，在深切感受历史文化气息和爱国爱家情怀的过程中，涵养文化自信的根基。

谢润盛

2020年8月

序

盛世修志是中华民族的优良传统。处在这样一个太平盛世，我们有责任为后人留下一部较为系统翔实的地方史料。

滨江镇诞生于2007年5月，先后由过船镇、大生镇、马甸镇等整合而成，与江苏省泰兴经济开发区实行“区镇合一”的行政管理体制。滨江镇地处长江三角洲冲积平原，依江临城而建，拥有17.84千米的长江岸线，是投资兴业的热土。

这里，交通区位得天独厚。周边90分钟车程内的七大机场，为滨江架起了飞向世界的空中走廊；国家一类开放口岸泰州港泰兴港区，为滨江开辟了通向全球的金色通道；三条高速公路、江阴长江大桥、泰州长江大桥把滨江与上海都市圈、扬子江城市群紧紧连接在一起。

这里，规模企业集聚，优势产品集中，特色产业集群，具有国际竞争力的国家级精细化学品产业基地雄姿英发。拥有氯乙酸、酞菁颜料、聚丙烯酰胺、锂电池电解液添加剂等20个世界级“拳头”产品；有来自20多个国家和地区的大公司、大集团、世界500强企业在这里投资兴业。

这里，培植新业态、新技术、新模式，开创化工产业与非化工产业融合发展之路。依托江苏济川药业集团有限公司等大型医药企业，发展生物制药、化学制药、中成药，重点打造3.78平方千米的济川健康特色小镇；以江苏兆胜空调有限公司为支撑，着力打造节能环保新能源等高端装备制造业产业基地。

这里，基础设施配套齐全。园区道路四通八达，供水、供电、供汽、消防、码头、管廊、互联网等现代服务业跨越发展，完全满足企业发展需求；污水处理、固废处理、危废填埋、生态隔离带配套到位；海关、商检、海事、边防等口岸查验机构高效运行。

这里，亲商、安商、富商的氛围浓厚。“一站式”审批高效化，“一条龙”服务亲情化，让每一个投资者如沐春风，如归故里。

这里，产城融合、功能配套。中学、小学、幼儿园、医院一应俱全；建设手笔空前，邻里中心、展示中心、人才公寓、商务酒店、滨江滨河湿地风光带等城市功能载体与现代服务业平台已经完成规划走向蓝图。一座集商务、研发、办公、会展、休闲于一体的滨江新城正昂然崛起在大江之畔。

这里，人才辈出，人文蔚起。镇志所录人物，或以大义救国闻世，或以文采斐然出名，或以施政一方、政绩卓著，或立足平凡岗位、默默无闻地无私奉献，他们是滨江人民的骄傲。

2023年2月，滨江镇启动江苏省名镇志编纂工作。经过编纂人员的辛勤笔耕，字斟句酌，数易其稿，即将出版问世。这是滨江人民政治文化生活中的一件盛事，意义重大，可喜可贺。

江苏省名镇志《滨江镇志》的编修，坚持不为“大而全”、但求“名与特”，立足当代，详今明古，客观记述了滨江镇自然、政治、经济、文化、社会、人文等方面的历史与现状，彰显了滨江镇改革开放的进程与成果。它的出版问世，为全镇各级干部了解镇情、借古鉴今提供有益的参考；为对子孙后代进行革命传统教育和爱国爱乡教育提供丰富的素材；为长期在外工作的游子及社会各界人士了解滨江、投资置业提供查阅的工具。

本志书从启动至出版得到了上级党史方志办领导的精心指导和鼎力相助，得到了全镇各村、各部门、各单位的积极参与和大力支持。在此，我们谨代表镇党委、镇政府向所有参与、关心和支持志书编纂工作的同志和朋友表示衷心感谢！

愿此开篇之序，对于读者进一步了解滨江有所裨益；愿滨江八万人民以史为鉴，同心同德，与时俱进，开拓创新，用勤劳和智慧创造滨江更加美好的未来！

中共泰兴市滨江镇委员会书记
泰兴市滨江镇人民政府镇长
张国才

2024年12月

《江苏名镇·滨江镇志》编纂委员会

2023年2月

主　　任　赵　军

副 主 任　顾铁军

委　　员　施　峰　张玉建　王　兵　赵　超　常　昊　顾　珩　丁海容
刘胜川　刘　峰　蒋　彬　石　岩　刁丽丽　李连锋

2023年10月

主　　任　赵　军

副 主 任　张国才

委　　员　施　峰　王　兵　赵　超　常　昊　顾　珩　张　帆　丁海容
刘　峰　李　栋　蒋　彬　石　岩　刁丽丽　戴印琴　李连锋

《江苏名镇·滨江镇志》编辑部

主　　　编　张国才

执 行 主 编　陈建东

编　　　辑　蒋　鸿　刁丽丽　陈向阳　曹立新　巩欣然　沈　滢　支　薇

顾　　　问　杨建华　丁开国

终 审 单 位　泰州市党史方志办公室

终 审 人 员　雷卫群　申万霞　杜仁彬　徐　强　顾　伟　翁元锋

验 收 单 位　江苏名镇名村志编纂委员会办公室

验 收 人 员　翁红霞　陈　萍　焦寨军

批准出版单位　江苏名镇名村志编纂委员会

凡例

一、本志以马克思列宁主义、毛泽东思想、邓小平理论、“三个代表”重要思想、科学发展观、习近平新时代中国特色社会主义思想为指导，坚持辩证唯物主义和历史唯物主义的立场、观点和方法，客观记述滨江镇发展变化历程和改革开放成果，抢救和传承乡土历史文化，激发居民爱乡爱国情怀，为探索中国特色新型城镇化和社会主义新农村建设的发展经验、发展模式、前进道路提供历史智慧和现实借鉴。

二、本志上限尽量追溯至事物发端，全面反映滨江镇发展的历史脉络，下限至2021年底，部分图片延展至2023年。

三、本志记述地域范围为下限年份滨江镇行政区域（泰兴经济开发区管辖范围）。

四、名人传略遵循“生不立传”原则，人物简介收录在世人物，均按生年排序。名人传略、人物简介只选录本籍有重大影响和贡献的人物；名人履痕收录在滨江镇活动并对滨江镇发展做出贡献的客籍人物。人物名录收录革命烈士、先进模范人物。

五、志书所用数据一般采用泰兴市和滨江镇政府统计部门数据，无政府统计部门数据时选用主管部门正式提供的数据。

六、计量单位一般采用国务院1984年发布的法定计量单位，“亩”的使用沿用传统习惯，历史上使用的计量单位在使用时加注。

七、清代及以前的纪年采用朝代纪年括注公元纪年表述，自1912年1月1日起均使用公元纪年。文中凡未注世纪的年代，均为20世纪的年代。

八、本志所称“解放前（后）”，以滨江地区解放日为界；“新中国成立前（后）”，以中华人民共和国成立日1949年10月1日为界；“改革开放前（后）”，以中共十一届三中全会召开的1978年12月为界。

九、本志正文的相关位置设有二维码，扫描后可以进行延伸和拓展阅读。

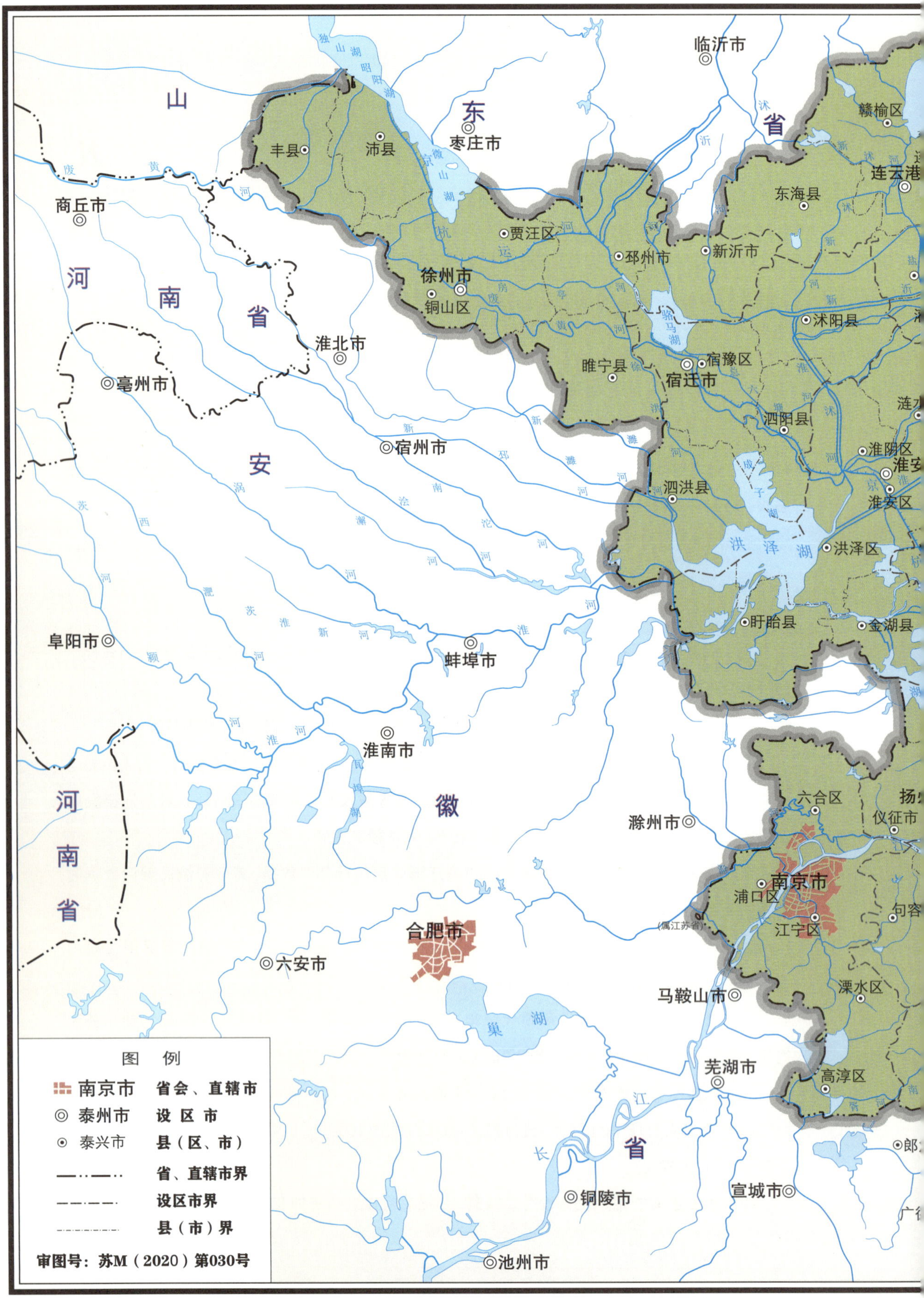

山
东
省
临沂市
枣庄市
丰县
沛县
独山湖
昭阳湖
微山湖
赣榆区
连云港
东海县
商丘市
贾汪区
邳州市
新沂市
徐州市
铜山区
骆马湖
沭阳县
淮北市
河
南
省
亳州市
睢宁县
宿迁市
宿豫区
泗阳县
宿州市
安
淮阴区
泗洪县
成子湖
洪泽湖
洪泽区
盱眙县
金湖县
阜阳市
蚌埠市
淮南市
徽
六合区
仪征市
滁州市
南京市
浦口区
江宁区
(属江苏省)
句容
合肥市
六安市
马鞍山市
溧水区
巢湖
芜湖市
高淳区
长江
铜陵市
宣城市
池州市
图　例
南京市　省会、直辖市
泰州市　设 区 市
泰兴市　县（区、市）
省、直辖市界
设区市界
县（市）界
审图号：苏M（2020）第030号

滨江镇在江苏省的位置图

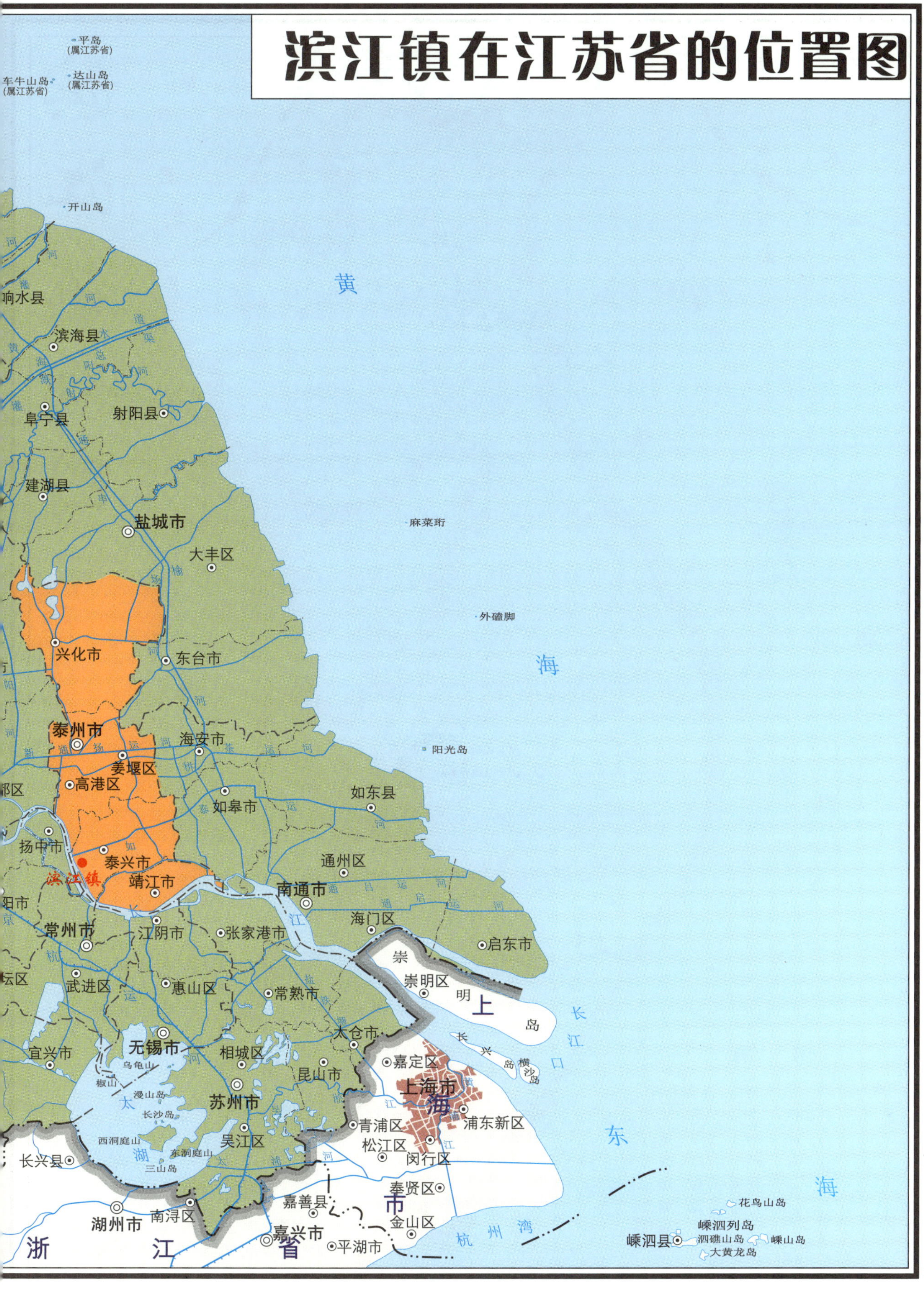

滨江镇地图
永安洲镇
根思乡
泰兴市
济川街道
延令街道
滨江镇
永新
顾阚
联杨
中兴
马甸
双彭
苏垒
苏余
大何庄
西江
大马庄
小马庄
龙港
仁寿
长沟
尤湾
过船
印桥
殷石
丰产
蒋港
福泰
褚港
石桥
五杨
蔡桥
红旗
中港
洋思
蒋榨
三联
翻身
卢碾
天星
新星
马甸水利枢纽风景区
福泰公园
马甸初级中学
马甸卫生院
马甸小学
开发区医院
滨江实验学校
长江
扬州市
宣堡镇
虹桥镇
G345
G2
S356
S504
S334
S35
阜溧高速
京沪高速
图例
政府
村居委
市界
县界
村界
镇界
公园景点
学校
医院
高速
省道
道路
乡道
比例尺 1：90000
图上界线不作实地划界依据
地图审查号：苏M(2024)第027号
江苏诚泰测绘科技有限公司 编制

目　录

渔歌（2015年）　　顾伯章/摄

绿色滨江　幸福家园

滨江镇，是江苏省泰兴市下辖镇，由原过船镇、大生镇、马甸镇等整合而成。境域属长江三角洲冲积平原，东西直线距离8.36千米，南北直线距离22.69千米，拥有长江岸线17.84千米，是投资兴业的热土。

2021年末，辖区总面积117.62平方千米，耕地总面积5.33万亩，有行政村31个，居委会3个，场圃3个，总人口7.48万人。

一

滨江镇有着悠久的历史，积淀了丰富的人物和故事传说。南宋名将岳飞抗金驻军马甸，留下许多佳话，也留下了许多地名。

1945年10月15日，新四军苏浙军区和苏南根据地干部、民工近千人，从武进县蓢沙乘“中安”轮船渡江往泰兴北撤，在境域内天星乡天星桥西南约2000米的江中沉没，当地渔民丁广田不顾风急浪大，驾船勇救新四军指战员数十人。

滨江镇以江苏省泰兴经济开发区为基础，整合周边镇、村新建而成。2007年5月，撤销过船镇、大生镇，将原过船镇所辖区域与原大生镇管辖的天星桥居委会和卢碾、翻身、天星、新星4个行政村，及委托江苏省泰兴经济开发区管理

泰兴开发区（滨江镇）宣传片

的洋思、蒋榨、红旗、五杨、中港5个行政村合并，设立滨江镇。2008年12月，将泰兴镇向阳、张庄、郭庄、三联4个行政村划归滨江镇管辖。2010年4月，撤销马甸镇、滨江镇，合并设立新的滨江镇。

如今的滨江镇以占泰兴市10%不到的土地，撑起了全市工业经济的半壁江山，成为区域经济增长的引领区、主导产业的集聚区、项目开发的示范区、科技创新的先行区。2021年，全镇实现地区生产总值273.68亿元，完成工业开票销售收入1108亿元；实现工商税收收入49.31亿元、规模以上工业产值1038.86

亿元。是年，滨江镇入选“中国百强镇”，列泰州市第一位、全国第三十七位；江苏省泰兴经济开发区跻身全国化工园区前10强第五位、列全省省级开发区科学发展综合考评第五名。

二

滨江位于长江三角洲经济带的地理中心，地处长江中下游，是沿海经济带

港口（2017年） 滨江镇/供图

的交汇处、沟通长江南北的主要门户、泰兴开放开发的前沿阵地。滨江镇对外交通四通八达，地理位置优越。“十三五”（2016—2020）中期，盐泰锡常宜城际铁路、北沿江高铁开工建设，并在泰兴设置站点，加速推动境域内融入上海、南京1小时都市圈。

境域内泰州港泰兴港区为国家一类开放口岸，可通航10万吨海轮，外籍船舶可直接停靠。拥有码头11座，其中通用、化工、建材、液化气、油品、液体化工等7座码头，可开展集装箱、散货装卸业务及接卸多种化工原料。

境域内历来商贸繁荣。中华人民共和国成立前，私营商贸渐成体系，形成粮、油、酒、盐、木、鞋、帽、茶、漆、饮、服等行业。进入70年代，境域内有县属的粮管所、供销社、商业社，国营、集体商业居市场主导地位。1978年改革开放后，境域内个体商店竞相开业，商、饮、服等产业齐头并进，经营范围涵盖五金交化、水暖器材、家电建材、鞋帽布匹、粮油食品、餐饮小吃、沐浴休闲、旅馆住宿等。2000年前后，境域内商品市场更加放开搞活，新兴服务业发展迅速。

滨江镇建立后，依托得天独厚的区位优势，逐步形成以电子商务为核心、以现代物流为支撑、以电商物流“双轮”为驱动的现代化服务业发展格局。至2021年，全镇有规模以上服务业企业29家，实现经营性收入148.49亿元，实现第三产业增加值29.16亿元。

三

境域内地势平坦，雨量丰沛，为沿江“鱼米之乡”，历来是一个种植业与养殖业并重的平原综合农业区。

中华人民共和国成立后，经过土地改革和农业合作化，农业生产力得到解放。同时通过不断增加农业投入、兴修水利、增添农业机械，推广优良品种，运用农业新技术，农业生产不断发展。1978年后，粮食生产出现新突破，农林牧副渔各业全面发展。

20世纪90年代，随着家庭联产承包责任制的进一步完善，农村经济在产业结构调整、适度规模经营、农业产业化等进程中得到发展，实现由传统农业向现代农业的转型。至2021年，全镇耕地总面积5.33万亩，其中旱田面积1.09万亩、水田面积4.24万亩，人均耕地面积0.78亩。境域内养殖水面2980亩。是年，全镇农作物总产量6.76万吨，其中粮食大豆总产量4.54万吨，油料作物总产量1.06万吨，其他农作物总产量1.16万吨。年内全镇水产品总产量3906吨，生猪出栏量2.53万头。

鱼米之乡（2020年）　陈杨/摄

滨江镇得天独厚的地域优势，还造就了滨江丰富的物产美食，以秧草焐河豚、鳜鱼烧羊肉、爆炒江水虾、鲜嫩刀鱼羹为特征的“四珍”佳肴，以及闻名遐迩的“光油烧饼”“手擀面”等滨江美食，吸引着八方来客。

四

20世纪50年代起，境域内工业开始起步。70年代，社队办工业悄然兴起，乡镇工业异军突起。1978年，境域内造出第一条千吨钢质船，为泰兴县内第一艘大吨位货船。1985年兴建泰兴电厂，为中华人民共和国成立后县内最大的一项建设工程。

1988年，省政府批准原马甸、天星、城西、过船等乡镇为泰兴县第一批对外开放重点工业卫星乡镇。同年，境域内乡镇工业年产值超过5000万元的有马甸、天星两个镇。其中，位于马甸镇的江苏省泰兴制冷机总厂（主打产品“晶莹”牌冰箱），有职工1054人、产值5603.5万元，均位居泰兴县之首。

进入20世纪90年代，境域内工业以前所未有的速度快速发展。1991年9月，中共泰兴县委、县政府在原过船镇境域内划出4.62平方千米依江建设化工开发区。1993年，泰兴沿江化工开发区被省政府批准为省级经济开发区。开发区按功能定位分为“四园一中心”，即化工产业园、化工装备制造园、高新技术园、港口物流园、行政商务中心。其中化工产业园主要围绕氯碱、油脂、医药（农药）等产业链搞好前伸后延，吸引世界500强和国字号大企业落户。

同时，做大做强医药农药产业、染料产业、油脂产业和电子化学品产业板块。化工装备制造园主要为化工园区内企业配套，实现化工企业关键装备的国产化、高新化。高新技术产业园主要依托原泰兴城区工业园，招引一批科技含量高、市场容量大、产业带动能力强的大项目、好项目，实现高新技术产业化。港口物流园区北区主要以化工物流为主，中部主要以油脂物流为主，南区以综合物流为主。

经过20多年的艰苦努力，开发区形成氯碱化工、染料颜料、医药农药中间体、油脂化工、生物能源、水处理剂、电子化学品及化学助剂等上下游相互配套的产业链和产业集群，成为滨江镇工业的“龙头”和“先锋”。

2011年，滨江镇有工业企业931家，职工3.6万人，其中规模以上企业88家，职工1.8万人。完成工业总产值528亿元，实现工业增加值93.8亿元。至2021年，全镇有规模以上工业企业125家，完成工业总产值1038.86亿元、利润116.5亿元、产业投资837.2亿元、实际利用外资及港澳台资2.3亿美元、进出口总额37.5亿美元。

五

经济的快速腾飞，为滨江镇成为文化、教育、卫生和体育强镇打下了坚实的基础。

至2021年末，镇综合文化站拥有活动场所800平方米，设有图书室、阅览室、排练室、乒乓球室、棋牌室等功能室。在印桥小区专门开辟3500平方米用地，用于建设篮球场、笼式足球场、羽毛球场等活动场地。全镇村村建有文化活动中心，31个村农家书屋“一卡通”实现全覆盖。拥有有线电视用户2.34万户，实现高清数字电视全覆盖。常态组织开展文化惠民演出，春晚、元宵联欢，五一、五四主题歌会，“六一”儿童文艺汇演等活动，丰富社会文化生活。

洋思中学创办于1980年，“先学后教，当堂训练”课堂教学模式得到全国基础教育界同行、专家的认可。至2021年末，全镇各类中、小学校3所，在校学生1648人，教师313人，全镇九年制义务教育覆盖率100%。

1958年，境域内各公社设立卫生院，1970年境域各大队办起合作医疗站。2012年，江苏济川药业集团有限公司投资30亿元建设健康产业园，大健康产业成为滨江镇靓丽的名片。2016年初，开工建设泰兴经济开发区医院（泰兴市滨江卫生院），医院建筑面积1.2万平方米，总投资4600多万元。至2021年底，全镇有医院3所，拥有病床80张，专业卫生人员49人。城乡医疗卫生网格健全，31个行政村全部建成合格社区卫生服务站，有乡村医生22人。

体育事业得到同步发展。至2021年，全镇拥有篮球场28个，学校体育场4个。31个行政村有22个村安装健身器材，经常参加体育活动的人员占常住人口的12%。每4年举办一次镇级体育运动会。是年，滨江镇获泰兴市第七届运动会综合第五名。

逐梦奋进新时代，砥砺前行再远航。滨江镇坚持系统工程思维，始终把发展经济和生态环境保护、乡村振兴战略、打造大江风貌、再塑田园风光相结合，倾力打造生产、生活、生态“三生融合”的标杆新城。如今的滨江镇，一江碧水、一河一景、一步一画，铺展出一幅看得见绿野、望得见江河、记得住乡愁的美丽独特画卷。

滨江镇全景（2017年） 滨江镇/供图

镇情概览

滨江镇设立于2007年5月，地处长江江苏段的中部，西枕长江，河道纵横，土肥水秀，别具风情，拥有得天独厚的自然环境和资源优势。境域地势平坦、物产丰饶，具有独特的水乡特色；气候宜人、四季分明，具有创业的先天优势；临江达海、交通便捷，具有优越的投资环境。滨江镇与江苏省泰兴经济开发区实行“区镇合一”管理体制，以此有效整合资源要素，发展空间进一步扩大，成为泰兴市经济社会发展重点板块。

历史沿革

镇名由来

滨江镇由泰兴市原过船镇、马甸镇及大生镇于2007年5月15日合并设立。过船镇因过船港得名，过船港是旧时泰兴境域内通江八大港之一，因港口商贾云集，港内千帆竞过，故称为过船港。马甸镇则因南宋名将岳飞曾经放牧军马而得名。大生镇以境域内古代有名的大生桥得名。

过船、马甸、大生镇均为长江泥沙沉积成陆，从长江中长出，濒临长江，合并后又有17.84千米长江岸线，故名滨江。滨江镇与江苏省泰兴经济开发区实行“区镇合一”的管理体制。

建置区划

建置沿革　汉武帝元狩六年（前117）设立临淮郡，其辖县有海陵，今滨江境域东部已经成陆，为海陵县属地。历两晋、南朝、隋唐诸朝，境域隶属不变。五代时升海陵县为泰州，析济川镇置泰兴县，属泰州管辖，境域属泰兴县。历宋、元、明、清，境域属泰兴县不变。1934年，泰兴县设区8个，境域属第一区、第八区。1949年7月，全县设区12个、办事处1个，滨江境域属城西区、口岸区。

中华人民共和国成立后，境域领属不变。1957年10月泰兴县撤区建乡，划分乡镇42个，境域属过船、天星、马甸、燕头四乡。1958年9月，泰兴县实行人民公社化，境域属城西、马甸2个人民公社。1962年5月，城西人民公社析分为大生、天星、过船3个人民公社，新建郭庄、马庄人民公社。1963年5月，泰兴县调整行政区划，设置区级建制，滨江境域属城西、城北两区。1969年11月，泰兴县重新设立农村人民公社40个，境域属过船、城西、天星、马甸4个人民公社。1981年3月，泰兴县设立区公所7个，滨江境域过船、城西、天星3个人民公社属蒋华区，马甸人民公社属口岸区。

1983年7月，泰兴县改人民公社为乡（镇）、大队改为行政村、生产队改为村民小组。境域属过船、城西、天星、马甸乡，分别下辖20、22、16、27个行政村。1987年1月撤马

原马甸镇区（2008年）　　顾伯章/摄

甸乡，设马甸镇。1988年6月撤过船乡，设过船镇。1993年1月，撤城西乡设大生镇，撤天星乡设天星镇。其时，大生镇总面积30.22平方千米，天星镇总面积35.08平方千米。1994年8月，过船镇中港村、沈垡村划归江苏省泰兴经济开发区管理。

2000年2月，天星镇洋思村、过船镇柿园村划归江苏省泰兴经济开发区管理。是月，撤销天星镇，并入大生镇。2006年6月，大生镇蒋榨、红旗两村以及蔡桥村五杨片划归江苏省泰兴经济开发区管理。

2007年5月，撤销过船（其时总面积40.5平方千米）、大生镇，将过船镇所辖区域与大生镇天星桥居委会和卢碾、翻身、天星、新星4个村，以及委托江苏省泰兴经济开发区管理的洋思、蒋榨、红旗、五杨、中港5个村合并，设立滨江镇。新组建的滨江镇与江苏省泰兴经济开发区实行“区镇合一”的管理体制，镇政府驻五杨村。2008年12月，泰兴城区科技工业园、泰兴镇向阳、郭庄、张庄等村并入江苏省泰兴经济开发区（滨江镇），其中幸福中沟以东规划建设归泰兴镇管理；组建新的三联村，并入江苏省泰兴经济开发区（滨江镇）管理。2010年3月，泰兴镇蔡桥村所属的12个村民组、延陵村所属的5个村民组，及泰兴市江海实业总公司、泰兴市水产良种场、泰兴良种场划归江苏省泰兴经济开发区（滨江镇）管理和开发。4月，马甸镇（其时总面积29.6平方千米）与滨江镇合并，设立新的滨江镇。2014年7月，滨江镇向阳、张庄、郭庄村3个村整建制划归济川街道。

区域划分　2021年，滨江镇下辖行政村31个（新星村、天星村、卢碾村、翻身村、三联村、蒋榨村、蔡桥村、红旗村、五杨村、洋思村、中港村、石桥村、殷石村、褚港村、长沟村、仁寿村、过船村、蒋港村、龙港村、西江村、大马庄村、小马庄村、苏余村、苏垒村、大何庄村、双彭村、中兴村、马甸村、联杨村、顾阚村、永新村），社区居委会1个（印桥社区居民委员会），场圃3个（泰兴市江海实业总公司、泰兴市水产良种场、泰兴良种场）。

区位面积

区位　滨江镇位于长江三角洲冲积平原，东临泰兴城区，南毗虹桥镇，西与扬中市隔江相望，北接泰州市高港区。滨江镇临江而建，位于上海和南京2小时城际交通圈内，交通区位优势明显。周边150千米半径内有上海虹桥机场、上海浦东机场、南京禄口机场、扬州泰州机场、无锡硕放机场、常州奔牛机场和南通兴东机场7个机场。紧邻京沪高速、沪陕高速、宁通高速、盐靖高速，向北10千米为泰州长江大桥，向南5千米为在建的常泰长江大桥。境域内泰州港泰兴港区为国家一类开放口岸，可通航10万吨级海轮，外籍船舶可直接停靠。建有通用、化工、建材、液化气、油品等多座码头，可开展集装箱、散货装卸业务及接卸多种化工原料。

面积　滨江镇东西直线距离长8.36千米，南北直线距离长22.69千米，地势东高西低。天星洲是境域内长江中的天然沙洲，全长9.1千米，总面积8.3平方千米。2021年底，滨江镇总面积117.62平方千米，耕地总面积为5.33万亩，人均耕地面积0.78亩。其中水田面积4.24万亩、旱田面积1.09万亩。境域内养殖水域面积2980亩。

村　社区　场圃

新星村　2001年由新星、解圩两村合并而成，总面积3平方千米，拥有耕地2077亩。2021年底，辖村民小组20个，748户2487人；村级集体经济收入47.24万元，农民人均纯收入2.02万元。村内有民营工业企业12家，其中规模企业5家。2020年，获“江苏省民主法治示范村”称号。

天星村　2001年由朱仙、天桥、天星三村合并而成，总面积4.5平方千米，拥有耕地2179亩。2021年底，辖村民小组36个，1517户4207人；村级集体经济收入45.2万元，农民人均纯收入2.2万元。村内有民营工业企业40家，其中规模企业5家。2017年，获“江苏省创业型村”称号。

卢碾村　2001年由卢碾村、陈封村、永宁村合并而成，总面积7.5平方千米，拥有耕地3211亩。2021年底，辖村民小组31个，1769户2588人；村级集体经济收入62.45万元，农民人均纯收入2.31万元。村内有民营工业企业21家，其中规模企业4家。2013年起，先后获“江苏省二星级康居示范村”“江苏省卫生村”“江苏省民主法治示范村”等称号。

翻身村　2001年由翻身村、花园村、先锋村合并而成，总面积7.5平方千米，拥有耕地2918亩。2021年底，辖村民小组34个，1004户3252人；村级集体经济收入43.28万元，农民人均纯收入2.11万元。村内有民营企业8家，其中规模企业2家。2020年，获“江苏省卫生村”称号。

三联村　2008年由泰兴镇三联村所属的熊垡、东张、西张、东汤、西汤、李万、赵庄、熊庄、祝庄、叶东、叶西、周园、周桥13个村民小组组建而成，总面积1.5平方千米，拥有耕地1376亩。2021年底，辖村民小组13个，368户1167人；村级集体经济收入37.99万元，农民人均纯收入2.3万元。村内有民营工业企业11家，其中规模企业3家。油桃、水蜜桃为特色农产品。2012年起，先后获“江苏省文明村”“江苏省卫生村”“江苏省民主法治示范村”“江苏省‘三星级’康居示范村”称号。

蒋榨村　2001年由蒋榨、曹园、三友、友联4个村合并而成，总面积6.5平方千米，拥有耕地1310亩。2021年底，辖村民小组34个，1777户2150人；村级集体经济收入66.76万元，农民人均纯收入2.51万元。1998年起，先后获“江苏省首批生态村”“江苏省创建文明村工作先进村”“江苏省文明村”“江苏省民主法治示范村”称号。

蔡桥村　2010年由泰兴镇蔡桥村的东曹、中曹、西曹、蔡桥、王庄、徐垡、殷庄、周庄、朱园、小桥、宗垡、蒋园12个组以及延陵村的周庄、鲁庄、李垡、成庄、凌园5个组

双彭村（2020年） 滨江镇/供图

三联村（2020年） 滨江镇/供图

联洋村（2020年） 滨江镇/供图

洋思村的
新女书记

组建而成，总面积2.9平方千米，拥有耕地549亩。2021年底，辖村民小组17个，727户2287人；村级集体经济收入35.29万元，农民人均纯收入1.98万元。以农业经济为主，葡萄种植为特色产业，年产量15万斤左右，销往泰兴、无锡、嘉兴等地，2013年，获“防震减灾示范村”称号；2015年获“江苏省卫生村”称号。

红旗村　2001年由三元、大众、蒋陈3个村合并而成，总面积4.3平方千米，拥有耕地2949亩。2021年底，辖村民小组29个，980户3058人；村级集体经济收入33.28万元，农民人均纯收入1.9万元。村内有民营工业企业8家。2016年，获“江苏省卫生村”称号；2018年，获“江苏省民主法治示范村”称号。

五杨村　2006年由原大生镇蔡桥村五杨片组建而成，总面积2.41平方千米，拥有耕地面积845亩。2021年底，辖村民小组10个，334户893人；村级集体经济收入80.3万元，农民人均纯收入1.98万元。以饮食、商贸等服务业为支柱产业。

洋思村　总面积1.2平方千米，拥有耕地614亩。2021年底，辖村民小组16个，508户1560人；村级集体经济收入114.3万元，农民人均纯收入2.23万元。金属表面加工、特色餐饮、商贸等服务业为支柱产业。

中港村　2001年由中港、柿元、沈垈3个村合并而成，总面积1.8平方千米，拥有耕地73亩。2021年底，辖村民小组27个，801户3208人；村级集体经济收入125.6万元，农民人均纯收入2.35万元。村级鑫天晨建筑安装工程有限公司拥有国家二级资质。2009年，获“江苏省民主法治示范村”称号。

石桥村　2001年由石桥、繁荣、四甲、印桥4个村合并而成，总面积5.26平方千米，拥有耕地面积3031亩。2021年底，辖村民小组41个，1236户3442人；村级集体经济收入88.55万元，农民人均纯收入2.24万元。村内有民营企业14家，其中规模企业1家。

殷石村　总面积1.97平方千米，拥有耕地面积91亩。2021年底，辖村民小组14个，508户1584人；村级集体经济收入128.5万元，农民人均纯收入2.66万元。村内有民营企业13家，其中规模企业2家。江苏金禾建设工程有限公司拥有国家一级资质，2021年施工收入达22.3亿元。2006年起，先后获“江苏省民主法治示范村”“江苏省社会主义新农村建设示范村”“江苏省和谐社区建设示范村”“江苏省文明村”称号。

褚港村　总面积3.5平方千米，拥有耕地258亩。2021年底，辖村民小组16个，645户1645人；村级集体经济收入97.36万元，农民人均纯收入2.35万元。村内有民营工业企业9家，工程建筑、钢编胶管、高压耐油管、编织为支柱产业。2017年，获“江苏省民主法治示范村”称号。

长沟村 2001年由长沟村、大杨村合并而成，总面积4.59平方千米，拥有耕地1987亩。2021年底，辖村民小组30个，814户3030人；村级集体经济收入51.46万元，农民人均纯收入2.1万元。村内有民营工业企业6家，服装加工、工程建设为支柱产业。2018年起，先后获“江苏省民主法治示范村”“江苏省卫生村”称号。

仁寿村 2001年由仁寿、叶桥、凌埠3个村合并而成，总面积4平方千米，拥有耕地2771亩。2021年底，辖村民小组26个，921户3765人。村级集体经济收入205.4万元，农民人均纯收入2.31万元。村内有民营企业4家。2019年，获“全国首批治理示范村”称号，农家书屋被评为全国示范农家书屋。

过船村 2001年由过船村、蒋顾村合并而成，总面积5.61平方千米，拥有耕地1234亩。2021年底，辖村民小组23个，838户2685人；村级集体经营收入92.5万元，农民人均纯收入2.2万元。商贸服务业为支柱产业。2015年，获“江苏省民主法治示范村”称号。

蒋港村 2001年由蒋港村、赵桥村合并而成，总面积5.93平方千米，拥有耕地2744亩。2021年底，辖村民小组24个，811户3014人；村级集体经济收入82.98万元，农民人均纯收入2.46万元。村内有民营企业4家，其中规模企业1家。2012年，获“江苏省文明村”称号。2013年获“江苏省民主法治示范村”称号。

龙港村 2001年由朝阳村、龙港村合并而成，总面积5.2平方千米，拥有耕地2800亩。2021年底，辖村民小组28个，882户2892人。村级集体经济收入54.16万元，农民人均纯收入2.15万元。村内有民营工业企业11家。2015年，获“江苏省卫生村”称号；2020年，获“江苏省和谐示范社区”称号。

西江村 2001年由张季、西江、临江3个村合并而成，总面积2.84平方千米，拥有耕地2122亩。2021年底，辖村民小组24个，708户2035人；村级集体经济收入38.5万元，农民人均纯收入1.86万元。村内有民营工业企业7家，其中规模企业1家。2016年，获“江苏省民主法治示范村”称号；2018年，获“江苏省卫生村”称号。

大马庄村　2001年由大马、大西、大南3个村合并而成，总面积3.35平方千米，拥有耕地2652亩。2021年底，辖村民小组21个，844户2200人；村级集体经济收入35.4万元，农民人均纯收入1.87万元。村内民营企业4家，其中规模工业企业1家。

小马庄村　2001年，由小马、小北、三五村合并而成，总面积4平方千米，拥有耕地面积2504亩。2021年底，辖村民小组20个，869户2475人；村级集体经济收入39.2万元，农民人均纯收入1.76万元。村内有民营企业21家。

苏余村　2001年由苏二、余庄村合并而成，总面积6.25平方千米，拥有耕地1565亩。2021年底，辖村民小组13个，549户1509人。村级集体经济收入11.8万元，农民人均纯收入1.84万元。村内有民营企业6家。

苏垄村　2001年由苏一、苏三村合并而成，总面积2.14平方千米，拥有耕地1494亩。2021年底，辖村民小组13个，503户1359人，村级集体经济收入12.5万元，农民人均纯收入1.88万元。

大何庄村　2001年由何庄、何北村合并而成，总面积3.6平方千米，拥有耕地2104亩。2021年底，辖村民小组19个，776户2200人；村级集体经济收入14.8万元，农民人均纯收入2.18万元。村内有民营企业5家，其中规模企业1家。

双彭村　2001年由彭庄村、彭西村合并而成，总面积2.37平方千米，拥有耕地804亩。2021年底，辖村民小组16个，756户2374人；村级集体经济收入36.8万元，农民人均纯收入2.51万元。村内有民营工业企业22家，其中规模以上工业企业4家。2017年起，先后获“江苏省‘一村一品一店’示范村”“江苏省和谐社区建设示范社区（村）”“江苏省民主法治示范村”“江苏省卫生村”称号。

中兴村　2001年由中甸村、东兴村合并而成，总面积1.8平方千米，拥有耕地1398亩。2021年底，辖村民小组12个，629户2068人；村级集体经济收入12.7万元，农民人均纯收入1.92万元。村内有民营工业企业15家。

马甸村　总面积1.56平方千米，拥有耕地194亩。2021年底，辖村民小组4个，284户892人。村级集体经济收入39.4万元。农民人均纯收入2.12万元。村内有民营工业企业17家，其中规模企业1家。2007年，获“江苏省民主法治示范村”称号。

联杨村　2001年由联盟村、杨村2个村合并而成，总面积3.44平方千米，拥有耕地1580亩。2021年底，辖村民小组16个，750户2288人；村级集体经济收入36.1万元，农民人均纯收入1.89万元。村内有民营企业3家。

顾阚村　2001年由顾阚、三义、黄西村合并而成，总面积3.15平方千米，拥有耕地2617亩。2021年底，辖村民小组25个，1009户3062人。村级集体经济收入37.9万元，农民人均纯收入1.77万元。淡水养殖为特色产业。

永新村　2001年由季窪村、永丰村合并而成，总面积1.4平方千米，拥有耕地1117亩。2021年底，辖村民小组10个，525户1533人；村级集体经济收入24.6万元，农民人均纯收入1.91万元。村内有民营企业3家。泰兴市华衡亿畜业发展有限公司年上市生猪1.5万头以上。2021年，获“江苏省民主法治示范村”“江苏省卫生村”称号。

印桥社区　2003年3月组建，总面积1.33平方千米。2021年底，居住人口（含暂住人口）1.3万人，户籍人口3872人，人均年收入1.4万元。2015年3月创建为“三星级康居乡村”。

泰兴市江海实业总公司　1960年3月，泰兴县水产捕捞公司成立，为县属集体企业，主要从事海洋、长江、内河渔业捕捞生产，占地530亩，下设长江、内河、海洋3个大队。先后易名为泰兴县渔业生产合作社、泰兴县捕捞公司、泰兴县第一捕捞公司，1993年更名泰兴市江海实业总公司。公司先后创办泰兴县船舶机械厂（后更名为“江苏南极集团”）、泰兴县动力机械厂（后更名为“江苏兆胜集团”）、上海合金材料总厂泰兴分厂、泰兴县捕捞公司供销经营部、泰兴县环境保护工程建筑安装公司、水力疏浚工程公司。2010年3月，公司整体划归江苏省泰兴经济开发区（滨江镇）管辖。2021年底，公司下辖的长江大队有渔民176户、576人，专业

捕捞生产船只84艘。2021年，实现收入31.9万元。

泰兴市水产良种场 1956年11月，泰兴县投资14万元，围垦东夹江滩地755亩，创办水产养殖场。1959年、1964年、1979年，又3次围垦东夹江滩地1030亩，1984—1987年，持续围垦东夹江南段滩地2300亩，场地面积增至4085亩。1996年1月，更名“泰兴市水产良种场”，良种场试验成功的快速养鱼法获国家农牧渔业部科技进步二等奖。该场先后办起泰兴渔业机械厂、泰兴石油钻井机械配件厂、泰兴渔业电器厂、泰兴市第二土石方开挖工程公司和泰兴市延令建安公司。该场系泰州市农业产业化龙头企业、江苏省农业高新技术企业、江苏省现代化渔场建设示范单位、江苏省无公害水产品生产产地，2010年3月整体划归江苏省泰兴经济开发区（滨江镇）管辖。2021年底，全场占地面积1.02平方千米，其中养殖水面1286亩，实现收入760.73万元。

泰兴良种场 前身为创办于1919年的泰兴农场，1927年夏改为泰兴县农业改良场，1932年改为县农业推广所，1936年更名为“猪种保育试验区”。1960年迁至泰兴西郊，改称西郊农场。1963年改名泰兴县良种场，负责稻麦良种的提纯复壮、繁殖原种。2004年11月，泰兴良种场改制为企业。2010年3月，整体划归江苏省泰兴经济开发区（滨江镇）管辖。2021年，全场占地0.2平方千米，其中耕地132亩，有职工30人。

江滩芦苇（2021年） 邵奇青/摄

自然环境

地质地貌

滨江镇境域在地质构造上位于宁通构造带。其主体由东西走向的隆起、坳陷和较大规模的断裂组成，在地质构造上属于苏北坳陷区和苏南隆起区的交接地带，为苏北坳陷区与苏南隆起区的分界线。

境域地处长江三角洲平原，属长江漫滩平原。6000年前，境域为江海交汇处的浅海，长江携带的泥沙逐渐沉积成洲。隋唐时期，境域东部开始成陆。江退陆进，约在五代十国南唐时期（937—975），江边各个沙洲由于长江泥沙持续沉积，开始连接起来，构成一片洼地，成为长满芦苇的江滩。宋明时期，江滩经过人为垦殖，分框隔圩，去水固沙，始成良田。农田随江堤成型，地形狭长，地势较低，总体上东北高，西南低，由东北向西南略呈倾斜，地势低而狭长，地面高程一般为2—3.4米。土壤母质为长江冲积物，土层深厚，一般大于90厘米。质地多为中壤到重壤，部分较黏。

江岸变迁

滨江陆地由长江水流夹带泥沙淤积而成，历史上江岸涨坍无定，以涨滩居多。明朝始修江堤，明永乐二年（1404）十一月，泰兴修筑沿江圩岸，境域始有圩堤拦挡江潮。至清光绪二十八年（1902），累计修筑江堤15次。

随着江滩的不断淤积与围垦，清光绪年间（1875—1908）江岸线不断往江心方向后退，江堤不断进建。道光年间（1821—1850），老过船港至天星港段江堤坍塌严重，清光绪十一年（1885）年转坍为涨，江岸线不断后退。中华人民共和国成立后，境域内江堤以进建为主，1969—1975年，江岸线平均向前推进200米重建江堤，原有江滩被开垦为农田。

河　流

境域内河道主要有长江（滨江段）及两泰官河、天星港、如泰运河、蔡港、古马干河等骨干河道，有入江河道13条。2021年底，境域内主要排灌中沟50条，其中东西向中沟24条、南北向中沟26条，总长120.2千米，配套形成灌溉排涝水系。

长江（滨江段） 呈南北流向，南至新星村头桥港涵，北至蒋港村东夹江闸站，岸线全长17.84千米。

两泰官河 呈南北流向，南至如泰运河，北至姜堰区鸭子河，全长23.41千米，域内全长4.4千米，流经大马庄村、苏余村、顾阚村。河口阔30—40米，底宽10—20千米，底高-1米。

天星港 呈南北流向，西通长江，东至黄桥金家堡接季黄河。全长33.73千米，域内全长6千米，流经卢碾村、天星村。河口阔45—50米，底宽8—15米，底高-1.5—0.5米。

如泰运河 东西走向，西通长江，东至南通如皋，全长44.33千米，域内全长6千米，流经石桥村、长沟村、殷石村、过船村、褚港村、中港村。河口阔59—72米，底宽6—20米，底高-1米。

古马干河（2021年） 邵奇青/摄

蔡港　东西走向，西起原马甸镇苏垄中沟，东至私盐港。全长39.27千米，域内全长1.9千米，流经大马庄村、小马庄村。河口阔50米，底宽4—8米，底高-0.5—0.7米。

古马干河　东西走向，西起高港区永安洲镇长江边，东至泰兴市古溪镇接通私盐港。全长45.24千米，境域内全长4.4千米，流经顾阚村、中兴村、马甸村、双彭村。河口阔45—50米，底宽10—15米，底高-1米。

气候

滨江镇四季分明、气候温和、雨量充沛、光照充足。春季（3—5月）多为过程性天气，晴雨相间，温度回升快，气温日较差大，多东风和东南风。夏季（6—8月）受海陆热力差异的影响，盛行东南季风，梅雨结束后常受副热带高压控制，多为高温、高湿天气，极端最高气温40.5℃。秋季（9—11月）凉爽，昼夜温差大，光照多，初秋也有“秋老虎”出现。冬季（12月至次年2月）受冷空气影响，盛行西北风，空气干燥，降水少，极端最低气温-12.5℃。

全年日照约4000小时，但受云量影响，实际平均日照时数1924.9小时，占可照时数的48.12%。域内降雨量最多年为2051毫米（2016年），最少年为801毫米（2008年）。

动植物资源

动物资源　白鳍豚、狗獾、猪獾、中华鲟、白鲟、刀鱼、河豚、鲥鱼、鳗鲡、川鲦鱼、鳑鲏鱼、螃蟹等。

植物资源　芍药、常青藤、车前草、鱼腥草、蒲公英、芦苇、菖蒲、杨树、柳树、榆树、桑树、柏树等。除此之外，滨江镇有着丰富的江滩资源。2021年，全镇江滩面积约0.5平方千米。天星港至焦土港的江中天星洲长约9.1千米，最宽处约1.45千米、面积约8.3平方千米。江滩、沙洲上芦苇丛生，曾是当地人民群众生产、生活的重要原材料。

自然灾害

滨江镇受地理环境影响，历史上以水灾、风灾居多，伴有坍江、旱灾、冻灾、雪灾等。中华人民共和国成立后，经过筑堤防汛、兴修水利、科学治理，排水、降渍条件改善，自然灾害逐年减轻减少。1960年以后，水灾主要表现为连阴雨，农田积水受灾。1990年以后，境域内未出现较大水灾。

人口

总量结构

2021年底，滨江镇总人口7.48万人，其中男性3.73万人，女性3.75万人，男女性别比为1.00（女性为1计算）；0~17岁，0.55万人；18~34岁，1.27万人；35~59岁，3.29万人；60岁以上，2.37万人。出生334人，出生率4.47‰，自然增长率-6.68‰；迁入151人、迁出562人；大学（含大专）以上学历1.16万人；有6个少数民族（土家族、苗族、满族、彝族、回族、壮族）155人。

姓氏结构

2021年底，滨江镇有姓氏321个，其中1000人以上的姓氏24个，依次为张、周、何、李、曹、赵、陈、季、刘、徐、王、杨、蒋、孙、戴、殷、朱、叶、卜、常、黄、丁、冯、石。全镇有百岁老人17人，最年长的是仁寿村东侯组张才宝，出生于1915年1月，106岁。

百岁寿庆（2017年）　　顾伯章/摄

表 1

2021 年滨江镇百岁老人一览表

姓　名	性　别	出生年月	家庭住址
张才宝	男	1915.1	仁寿村东侯组
陈金娣	女	1915.12	蔡桥村东曹组
蒋盖英	女	1917.8	蒋港村季元组
杨改英	女	1917.11	联杨村四组
徐爱珍	女	1919.3	红旗村常岱组
端天祥	男	1919.9	仁寿村陶后组
戴锡光	男	1919.12	顾阚村三组
季桂英	女	1920.1	红旗村民新组
钱除英	女	1920.9	大何庄村三组
周美英	女	1921.5	翻身村朝西组
杨改英	女	1921.9	褚港村压榨组
赵风英	女	1921.9	卢碾村卢西组
封金如	女	1921.11	卢碾村刘坝组
周祝英	女	1921.11	仁寿村凌埠组
叶大宝	女	1921.11	过船村胜利组
季周氏	女	1921.11	长沟村尤湾组
常纯英	女	1921.11	蔡桥村徐岱组

经济发展

丰收礼赞

农业

滨江镇历来是一个种植业与养殖业并重的平原综合农业区。中华人民共和国成立前，尽管境域内为沿江“鱼米之乡”，但受落后的经济制度影响，农业经济发展缓慢。

中华人民共和国成立后，经过土地改革和农业合作化，农业生产力得到解放。改革开放后，推行家庭联产承包责任制，粮食生产出现新的突破，农林牧副渔各业全面发展。至20世纪90年代，实现了由传统农业向现代农业的成功转型。

2021年，全镇完成农业总产值4.51亿元，渔业产值4704万元。有农作物播种面积11.44万亩；粮食大豆播种面积9.12万亩，粮食大豆总产量4.54万吨；小麦种植面积4.49万亩，单产394千克；水稻种植面积4.27万亩，单产627千克；油菜种植面积8894亩，单产236千克；年末出栏生猪2.53万头、出售家禽23.89万羽。

农业机械化（2020年）　　张宏伟/摄

工业

滨江镇境域内工业源于传统手工业。早在明清时期，已经形成以猪、油、酒、茶食、酱品、香烛、砖瓦、土陶器、土布、竹子凉席等为主体的手工业格局。民国时期，始有近代工业，但战事频繁，境域内工业发展缓慢。中华人民共和国成立后，先后有泰兴县电瓷砖瓦厂、泰兴县第一钢锹厂等国有集体企业落户，工业开始起步。

至20世纪70年代，滨江镇境域社队办工业悄然兴起。改革开放后，乡镇工业开始迅猛发展。1988年，马甸镇、天星乡的乡镇工业产值超过5000万元，其中马甸镇的江

苏省泰兴制冷机总厂有职工1054人，年产值5603.5万元，是泰兴县年产值最高、职工人数最多的企业。

1991年9月，泰兴县在过船镇境域内划出4.62平方千米土地，建立泰兴县沿江化工开发区。1993年，泰兴市沿江化工开发区成为江苏省首批省级经济开发区，依托独特的区位优势和基础产业优势，实施“建设大园区，引进大项目，培育大产业”的发展战略，通过招商引资集聚了一批国际知名企业，发展速度持续攀升。2007年工业产、销总额100亿元，2015年工业产、销总额1000亿元，呈现出“规模企业集聚，优势产品集中，主导产业集群”的发展格局。先后被命

开发区一角（2017年）　　滨江镇/供图

名为“中国精细化工（泰兴）开发园区”“国家火炬计划泰兴精细与专用化学品产业基地”“全球精细化工产业集群合作基地”“中国产学研合作创新示范基地”“国家级新型工业化产业示范基地”“国家级绿色园区”“中国智慧化工园区试点示范（创建）单位”。连续10年跻身全国化工园区前10强，2021年位列第五位。

2021年，全镇有规模以上企业125家，完成规模以上工业产值1038.86亿元；实现工业开票销售收入1108亿元。

商贸服务业

滨江镇水陆交通发达，历来商贸繁荣，传统商业以经销转运食盐、木材、油漆为主。中华人民共和国成立后，境域内国营、集体商业迅速占据主导地位。改革开放后，市场活跃，商贸服务企业竞相发展，涵盖五金交化、水暖器材、家电建材、鞋帽布匹、粮油食品、水果批发、餐饮小吃、沐浴休闲、旅馆住宿、美容美发、电信通讯、电脑打印、维修服务、广告经营等行业。

2007年，滨江镇借助区位交通便捷、产业基础扎实、商务成本较低和配套功能较全等优势，逐步形成以电子商务为核心、以现代物流为支撑、以电商物流“双轮”驱动的现代化服务业发展格局。2021年，全镇实现服务业增加值29.16亿元。

马向庙会集场（1981年）　　顾伯章/摄

物流大道（2011年）　顾伯章/摄

社会事业

教育

清光绪三十三年（1907），滨江镇境域马甸首创公立临江初等小学（后改为当铺桥初级小学）。同时期大马庄设有私立启明初等小学。宣统年间，境域过船港创办有私立师古初等小学。

中华人民共和国成立后，滨江镇境域先后创办一批民办学校、耕读学校、农业中学。1980年创办过船镇向荣水产养殖职业中学，1984年被确定为扬州市重点职业中学，《光明日报》报道该校职业教育经验。是年，洋思中学在天星乡创办。20世纪90年代中期，境域实现两基（基本普及九年义务教育、基本扫除青壮年文盲）目标。进入21世纪，实行教育布局调整和教育资源优化，逐步实现教育现代化。2021年末，滨江镇有中、小学校3所，在校学生1648人，全镇九年制义务教育覆盖率100%。

马甸幼儿园（2021年）　　邵奇青/摄

附录：洋思中学

1980年，天星乡在洋思大队焦垡生产队创办洋思中学，初始只有5个初中教学班，11名教师。1983年秋，学校首次推行“精讲精练、当堂完成课堂作业”教学方法，经过10多年的改革探索，教学质量不断提升，升入重点高中学生比例在泰兴最高。外地学生纷纷慕名前来借读，办学规模逐步扩大，至2004年达到54个初中教学班规模，固定资产达8000多万元。学校不断推进改革创新，创立“先学后教，当堂训练”的课堂教学模式，形成“求实创新”的校风、“热爱尊重，科学引导”的教风和“自主合作，勤奋探究”的学风。1999年，江苏省教委，中共泰州市委、泰州市人民政府先后发文，号召学习洋思经验。学校先后获“江苏省德育先进学校”“江苏省模范学校”“江苏省现代化示范初中”“江苏省文明单位标兵”“全国教育系统先进集体”等称号。2005年8月，学校整体搬迁至泰兴城东部新区。

文化

中华人民共和国成立后，滨江地区各村相继建立业余文娱宣传队，一般春节前排练节目，春节期间在各村落演出。20世纪70年代，过船、马甸、天星、大生4个公社建有电影队，定期到各生产大队巡回放映。80年代，各乡镇陆续建起影剧院、文化站，设有乡镇图书馆、广播站等。90年代，广播站改建为广播电视站，台球室、歌舞厅、KTV、网吧等丰富了群众的文化生活。

进入21世纪，文化部门持续推进“农家书屋”普及。2009年，滨江镇15个村“农家书屋”通过省级验收。仁寿村“农家书屋”先后被评为江苏省五星级农家书屋、全国示范农家书屋。启动“书香滨江”建设，每年4月23日“世界读书日”前后，举办送书、送戏、送电影“三送”活动。开展文化惠民演出，春节、元宵联欢，五一、五四主题歌会，“六一”儿童节文艺汇演等活动，丰富社会文化生活。

2021年，滨江镇综合文化站拥有活动场所800平方米，设有图书室、阅览室、排练室、乒乓球室、棋牌室等功能室。村村建有文化活动中心，31个村“农家书屋”实现“一卡通”全覆盖。滨江镇广电站先后获江苏省优秀广电站、泰州市文明单位等称号。

卫生

1958年以后，境域内过船、马甸、天星、大生公社先后设立卫生院，除承担医疗救治和卫生防疫两大职能外，持续指导查灭钉螺，重点防治血吸虫病。1962年公社卫生院改为中心诊所。

1970年，各生产大队实行合作医疗，培训赤脚医生，办起合作医疗站，农民看病治病免费。1980年，各公社中心诊所改为卫生院。1985年村合作医疗站改称村卫生室，赤脚医生改称乡村保健医生（员），担负当地初级医疗和预防保健工作。

2004年，天星卫生院并入大生卫生院。2016年初，投资4600多万元建设泰兴经济开发区医院（泰兴市滨江卫生院）。2017年，被评为国家农村上消化道癌早诊早治项目点单位，消化（内镜）科被省卫健委评定为省级城乡基层医疗机构特色科室。2021年，全镇31个行政村全部建成合格社区卫生服务站，可实施儿童预防接种、传染病防治、妇女“两癌”（宫颈癌、乳腺癌）筛查、妇幼保健、在职职工和退休人员体检等医疗保健服务。省级卫生村创建工作实现全覆盖。

泰兴市文化惠民演出走进蒋港村（2020年）　　张宏伟/摄

健康义诊活动（2019年）　　滨江镇/供图

血吸虫病防治　滨江作为沿江地区，血吸虫病长期流行，给人民生产、生活、生命带来深重危害。1954—2002年，滨江地区累计有螺面积375.55万平方米，马甸、过船、天星三个镇血吸虫流行村数47个、累计查出病人1.5万人。1955年，天星港河道总面积1.3万平方米，有螺面积850平方米。1982年，马甸、过船、天星三个镇有晚血病人83人。

1952年12月，泰兴县政府成立血吸虫病防治分指挥部，在全县范围内开展血吸虫病防治。1970年，血防工作坚持以查、灭螺为重点，1976年达到基本消灭血吸虫病技术指标。1987年，江苏省、扬州市联合考核组随机抽查滨江地区行政村，血吸虫病病情、螺情均达到消灭血吸虫病的技术指标。1988年以后，境域内未再发现钉螺和本地新感染的病人。

麻风病防治　滨江地区麻风病防治工作始于1956年。1965年，省卫生厅确定天星、过船两公社交界处的长江边孺子沙江滩为麻风病院址，南北长2400米、东西宽350—800米。由县财政拨款，组织民工围垦江滩，围垦面积57.66公顷，另有宅基地7公顷、道路田埂2.67公顷、可耕地近33.33公顷。1969年，收容麻风病人500人左右。1976—1980年间，收容隔离治疗1800多人次，泰兴滨江医院麻风病区规模之大、收治隔离病人之多，居全省乃至全国之最。1997年7月，顺利通过卫生部验收，达到基本消灭麻风病的规定标准。2002年，仅存6例现症病人。患病率从历史最高年份1970年的275/10万，下降至0.47/10万。

体育

滨江镇传统体育活动有游泳、钓鱼等。1978年改革开放后，乡镇、学校、企业普遍开展体育活动和比赛。2009年，滨江镇启动全民健身活动，组织各村（社区）开辟健身广场、建设休闲廊道、设立晨练晚练健身点，开展老年健身舞表演比赛。2009年、2013年先后举办滨江镇第一届、第二届全民运动会。2021年，全镇拥有篮球场28个、学校体育场4个。在印桥小区专门开辟3500平方米用地，配套建设篮球场、笼式足球场、羽毛球场等活动场所。31个村中有22个村安装公共健身器材，经常参加体育活动的人员占常住人口的12%。是年，滨江镇参加泰兴市第七届运动会，竞赛成绩获综合第五名。

居民生活

居民收支

收入　2021年，滨江镇居民人均纯收入2.95万元，其中工资性收入1.26万元、经营性收入2705元、财产性收入1728元、转移性收入5801元。

支出　2021年，滨江镇居民人均生活消费支出1.36万元，其中食品烟酒2670元、衣着595元、居住4200元、生活用品及服务768元、交通通信1707元、文化教育娱乐2335元、医疗保健805元、其他用品和服务545元。

住房变迁

中华人民共和国成立前，境域内少数富裕家庭居住七架梁瓦房，一般为1—3间，多数家庭居住草房。20世纪70年代中后期，村民开始翻建或新建砖木结构住房，普遍为七架梁，青砖墙，杉木桁条和椽子，屋面盖小青瓦，并置明瓦。80年代初，境域内兴起第一轮建房高潮，房屋样式大多为“锁壳式”住房，室内铺水泥预制块或水泥地面，房前铺水泥场，屋后铺水泥过道，大门开四扇或连门窗。80年代末、90年代初，境域内兴起第二轮建房高潮，以楼房为主，多为两层，老式房屋结构；90年代初特别是中后期所建楼房多为带卫生间的套房，三层或三层以上，部分家庭开始建造半框架或全框架结构的别墅楼。

社会保障

最低生活保障　2005年起，国家实施城乡居民最低生活保障政策，境域低保对象实行动态管理，资金按季打卡发放。2009年

居民健身点（2020年）　　滨江镇/供图

滨江镇民居（2020年）　　滨江镇/供图

起，实施“四残”（肢体残、精神残、智力残、视力残）重残人员生活保障。2021年，全镇实现城镇最低生活保障40户46人，发放保障金总额18.4万元。实行农村最低生活保障户数367户434人，发放保障金157.9万元。有“四残”重残人员660人，发放生活、护理“两项”补贴454.26万元。

尊老金补贴　2011年起，滨江镇实行尊老金补贴制度，80—89周岁老年人每月发放50元，90—99周岁老人每月发放100元，100周岁以上老人每月发放300元。2016年，滨江镇的“安康关爱”行动被泰兴市评为一等奖。2021年，全镇有80周岁以上高龄老人3559人，发放尊老金244.2万元。

“五保”户供养　1956年，滨江地区实行农业合作化后，农村鳏寡孤独人员由临时救济改为农业合作社集体“五保”，即保吃、保穿、保住、保医、保葬。供给标准按一般大劳力分配口粮和柴草，发少量零用钱，在公益金中支付。20世纪80年代起，境域内对农村“三无”（无劳动能力，无生活能力，无法定赡养、抚养、扶养义务人）人员实施农村“五保”供给，经费由原村组统筹逐步过渡到上级财政补贴。2021年，全镇建有养老院4家（公办2家、民办2家），有“五保”老人373人，发放保障金总额215.56万元。“三无”老人5人，发放保障金总额9.7万元。

社会保险　20世纪90年代后期，泰兴沿江经济开发区内的国有企业、集体企业开始推行社保制度，后逐步拓展到外资企业、私营企业，乡镇企业包括实行企业化管理的事业单位职工均需参加社保。2007年起，实施新型农村社会养老保险，将所有城乡居民纳入养老保险范围。2021年，全镇城乡居民医疗保险、养老保险续缴率分别为95.5%、99.5%。是年末，全镇有1.6万人享受基础养老金。

被征地农民基本生活保障　2004年起，境域内实施被征地农民基本生活保障政策。遵循“即征即保、应保尽保、分类施保、逐步提高”的原则，确保被征地农民原有生活水平不降低、长远生计有保障。2021年，全镇新办理失地农民保险1491人，累计办理被征地农民基本生活保障2.18万人。

组织机构

中国共产党滨江镇组织

1957年，滨江境域内设立过船、天星、马甸、大生4个乡党委。1958年，境域内设立城西人民公社党委、马甸人民公社党委。1962年，境域内建立大生、天星、过船、郭庄、马甸5个公社党委。1963年4月，全县撤销40个大公社，建立271个小公社，分别建立总支委员会。“文化大革命”开始后不久，公社党委的组织活动停止。1969年10月，公社建立党的核心小组。1970年6月，全县建立43个公社党委，滨江境域内建立城西、天星、过船、郭庄、马甸5个人民公社党委。1983年，实行政社分设，恢复乡、村建置，乡建立党委、村建立党支部。1987年1月，马甸撤乡建镇，设立马甸镇党委。1988年6月，过船撤乡建镇，建立过船镇党委。1993年1月，城西乡改为大生镇，建立大生镇党委。1993年1月，天星撤乡建镇，建立天星镇党委。2007年5月，实行行政区划调整，过船镇与大生镇部分村组组建滨江镇，建立滨江镇党委。2010年4月，马甸镇与滨江镇合并为新的滨江镇，建立新的滨江镇党委。2021年，滨江镇党委下设基层党组织176个。

滨江镇人民代表大会

1954—1966年，由乡选举产生乡民代表，每届任期2年。选举产生乡政府乡长、副乡长及委员，选举产生县人民代表大会代表等。“文化大革命”期间，各公社人民代表大会停止活动。1981年，人民代表大会制度在公社得以恢复。各公社采取差额和无记名投票的方法，选举产生第一届公社人民代表大会代表，召开公社人民代表大会第一次会议，选举公社管理委员会主任、副主任和委员，每届任期为2年。1984年起，改为乡镇人民代表大会，每届任期改为3年。1990年起，各乡镇人民代表大会选举产生主席团常务主席。1996年起，乡镇人民代表大会选举产生主席团主席、副主席，每届任期3年。2004年起，每届任期改为5年。2007年12月，召开滨江镇第一届人民代表大会第一次会议。至2021年底，滨江镇人大主席团均按要求进行换届，由镇人民代表大会选举产生。

滨江镇人民政府

中华人民共和国成立至1957年底，境域内设有过船、天星、大生、马甸4个乡人民政府。1958年，境域内设立城西人民公社、马甸人民公社。1962年，境域内设有大生、天星、过船、马甸、郭庄5个人民公社。1969年，境域内设立过船、城西、天星、马甸、郭庄5个公社革命委员会。1981年，全县撤销公社革命委员会，成立公社管理委员会。1983年，由公社改为乡镇，各乡镇分别建立乡（镇）人民政府。1987年1月马甸撤乡改镇，1988年6月过船撤乡改镇，1993年1月城西撤乡改镇，1993年1月天星乡改为镇。2007年5月，成立滨江镇人民政府。2021年，区（镇）下设财政分局、经济发展局、港口管理分局、规划建设局、招商局、社会事业局、服务业发展局等职能部门。

滨江镇政协联络委员会

1984—1987年，泰兴县政协先后在境域内马甸、过船等乡镇建立政协联络委员小组。2015年4月，设立政协滨江镇联络委员会。2021年，全镇有泰兴市政协委员18人。

表 2

2007—2021 年滨江镇历届党政主要负责人一览表

姓　名	职　务	任职时间
孙　云	书记(兼)	2007.5—2008.1
孙　云	人大主席(兼)	2007.5—2008.1
冯金华	镇长	2007.5—2014.5
黄红旗	书记(兼)	2008.1—2013.11
黄红旗	人大主席(兼)	2008.2—2013.11
孙　群	书记(兼)	2013.11—2016.11
孙　群	人大主席(兼)	2013.11—2016.4
殷凯杰	镇长	2014.6—2017.2
蒋富生	人大主席	2016.4—2019.12
张　坤	书记(兼)	2016.11—2017.11
冯　翔	镇长	2017.2—2017.11
冯　翔	书记	2017.11—2019.12
周　伟	镇长	2017.11—2019.2
蒋益公	镇长	2019.2—2019.12
蒋益公	书记	2019.12—2021.4.25
黄　峰	镇长	2019.12—2021.4.25
施　峰	人大主席	2019.12—
黄　峰	书记	2021.4—
顾铁军	镇长	2021.4—

保险到农家（2014年）　　顾伯章/摄

2 镇村建设

滨江镇依托“沿江临城”区位优势，按照“融入城区、交通引导、共建共享”建设理念，提出“港产城”一体化发展战略，对接泰兴主城区，明确新城建设“一轴两翼”的发展格局，即以襟江中路为中轴打造城市重点商业区；在襟江中路西侧打造行政商务中心区（滨江镇镇区），在襟江中路东侧建设济川健康特色小镇。坚持以科学规划为龙头，持续加大投入力度，加快区（镇）基础设施建设，加强农村生态建设和综合整治，改善镇村环境，不断满足外来投资者、滨江群众以及主城区西部市民生产生活需要。

镇村建设（2017年）　　滨江镇/供图

总体战略

经济社会发展战略

2016—2030年，滨江镇实施创新转型战略、绿色发展战略、共建共享战略三大战略。

创新转型战略　引进实施发展高端、技术尖端、产品终端的优质项目，推动高校院所与园区合作共建精细化工产业研究院。对照国家《产业结构调整指导目录》《江苏省工业和信息化产业结构调整限制、淘汰目录和能耗限额（2015年）》，实行动态淘汰、有序关停拆除部分小微化工企业。以绿色创造、装备提升、工艺先进为导向，全面实施企业分类分档管理，实行专家问诊机制，深入实施化工企业“提升工程”。

绿色发展战略　以打好蓝天、碧水、净土“三大保卫战”为抓手，统筹布局生产、生态、生活空间。改善农业生态环境，加强畜禽污染综合治理，推进化肥农药减量行动，高标准实施镇村“绿网”建设。对入江河道全部完成综合整治工程，改善河道水质、提升生态自我修复能力。在沿江大道东侧建成贯通全区南北，分隔化工和非化工产业区的生态保护隔离带，构筑绿色保护屏障。完善环保检测、监控系统平台建设，建立健全环境监测保障体系，提升应急处置能力。

共建共享战略　加快新农村建设步伐，完善农村公共服务运行维护体制机制，加大对农村公共服务运行维护的长效管理力度。实施“居民收入倍增计划”，推动就业惠民、创业富民、社保安民、投资兴民。推进公共服务配套建设，在镇区空白点、居民小区有序建设公共体育健身设施，扩大覆盖面。完善社会保障体系，做到应保尽保，被征地农民即征即保，做好农村低保、孤儿及重残人员的生活保障工作。强化司法基本保障和法制宣传教育，注重用法治思维和法治方式化解矛盾、维护稳定。

城镇发展战略

2015年，滨江镇提出港产城一体化发展战略，对接泰兴主城区，明确新城建设“一轴两翼”的发展格局。

滨江镇一角（2021年）　　邵奇青/摄

行政商务中心　行政商务中心北至过船东路，东至襟江路，南至段港河，西至鸿庆路，占地面积4.79平方千米。结合滨江镇行政中心区建设，引入综合公共服务功能，形成综合性行政办公中心。启动设计福泰路、鸿庆路等25条道路的延伸连接工程，加快与城区形成区域交通有效连接与空间融合，打造商务宜居、多元复合的滨江新镇区；开工建设人才公寓、滨河邻里中心、福泰大卖场；加快建设科创中心、产业创新中心等功能性载体平台，打造国家级化工研发基地，推动化工研发论坛，为园区产业的持续健康发展增添活力和动力。

济川健康特色小镇　济川健康特色小镇北至大庆西路，东至金沙路，南至国庆路，西至飞鸿路，占地面积3.78平方千米。远期规划为沿通江路北侧和襟江中路两侧展开，北至过船东路，东至金沙路，南至板桥路–新段港，西至鸿庆中路，面积8.01平方千米。发展方向为以健康、高效、宜居、生态等发展目标为主线，形成以济川健康产业区、生态休闲区、田园健康社区、商务客厅区、高端办公区及两片生活居住区等七大片区，各片区以生态相系，水绿一体，产居相依，文墨灵动，共同构成宜居宜业宜养宜游的泰兴健康新城，打造成“一核、一环、四片区、三小镇”的发展格局。“一核”为创智核，“一环”为城镇活力环，“四片区”为健康生产区、文化休闲区、创智商务区和健康生活区，“三小镇”为适宜养老的小镇、生态康居的小镇和智慧科创的小镇。

发展规划

总体规划

《泰兴县沿江化工开发区控制性规划》 1992年，泰兴县沿江化工开发区编制《泰兴县沿江化工开发区控制性规划》，规划建设总用地为1.32平方千米。以道路红线30米，建筑红线32.5米的南北、东西主干道和过船至天星的公路为对外交通骨架，以区间10—15米的次干道为内部交通联络网，布置工业用地12块。

1993年，江苏省泰兴经济开发区编制总体规划，规划面积4.62平方千米，其中起步区面积1.32平方千米，界址为东到闸南路，南到洋思港，西到长江边，北到如泰运河。是年11月，规划经省政府批准并实施。1997年，江苏省泰兴经济开发区重新修编总体规划，远景规划面积扩展至10平方千米。

2001年，江苏省泰兴经济开发区再次修编总体规划，调整后的规划东至泰常公路，西至长江，北至团结河，南至芦坝港，总规划面积为20.45平方千米。详细规划为，朝阳路以西为工业用地，并在朝阳路西侧建设100米的绿化带，将工业区和生活区隔开，工业区内不再批准建设居民住宅，工业区内居民适时搬迁至朝阳大桥以东。2003年底，泰兴市委、市政府批准江苏省泰兴经济开发区重新修编的总体规划，远景规划（至2010年）面积扩至39.4平方千米。规划范围为西沿长江、东至泰常路、北起市北二环西延线、南至市南三环西延线。

《泰兴市滨江镇发展总体规划（2016—2030）》 2015年，编制《泰兴市滨江镇发展总体规划（2016—2030）》。2017年3月9日，泰兴市人民政府批复同意《泰兴市滨江镇发展总体规划（2016—2030）》。总体规划分近期（2016—2020）、远期（2021—2030）两个阶段实施。规划镇域总用地面积约98.37平方千米，其中中心镇区范围，北到团结河路，南至澄江路，西至沿江大道，东至飞鸿路，用地面积10.09平方千米。

滨江镇域空间布局结构为“两轴三区”。“两轴”为沿通江路主要服务功能轴和沿沿江大道产业功能发展轴；“三区”为东部居住区、中部产业区和西部产业区。

中心镇区空间布局结构是以鸿庆中路为界，规划“东居西工”发展框架，形成“两轴两心”的中心结构体系。“两轴”为沿通江路公共服务设施轴和沿鸿庆中路产业发展轴，“两心”为生活服务中心和行政办公中心。生活服务中心，中远期结合滨江实验学校和江苏省泰兴经济开发区医院的建设，沿路培育融合商业零售、商贸办公、文化娱乐等综合功能的城镇生活中心。行政办公中心，近期结合镇行政中心建设，引入综合公共服务功能，形成综合性行政办公中心。

规划居住用地167.94公顷，占中心镇区用地的15.94%；公共管理与公共服务设施用地27.8公顷，占中心镇区用地的2.64%；商业服务业设施用地30.16公顷，占中心镇区用地的2.86%；工业用地457.71公顷，占中心镇区用地的43.45%；道路与交通设施用地186.12公顷，占中心镇区用地的17.67%；公用设施用地5.61公顷，占中心镇区用地的0.53%；绿地与广场用地178.17公顷，占中心镇区用地的16.91%。

中心镇区景观风貌结构为“两片两轴两心多节点”。“两片”即以鸿庆中路为界形成的“东居西工”空间形态格局；“两轴”即如泰运河生态景观轴、通江路公共建筑景观次轴；“两心”分别指生活服务中心、行政文化中心；“多节点”指中心镇区范围内的各种景观主、次节点，主要包括城镇中心公共建筑景观节点和各公园绿化景观节点。

专项规划

《泰兴市滨江镇产业发展规划（2016—2030）》　2015年，滨江镇编制至2030年产业发展规划。第一产业实现生态化、都市化、休闲化和景观化。以特色农产品和农作物景观促进乡村旅游业发展，引导农业产业化发展。依托江苏省泰兴经济开发区产业基础、公用设施配套的优势，促进全镇农业都市化与休闲化发展；通过“链条”机制形成产业联动发展。第二产业实现集群化、品牌化、高效化、低碳化。依托现有基础的主导产业，盘大做强精细化工产业。该产业已经具备坚实基础，是近期滨江镇的支柱产业，中、远期将配合化工装备产业的发展，最终塑造滨江镇产业名片，打造完整的新材料产业生产链及其延伸性支柱产业。同时，大力发展循环经济、节能环保产业及新能源产业，促进节能减排，推动自主创新，实现产业可持续发展。第三产业突出健全、培育、提升。以健全基本公共服务设施为突破口，提升生活性服务业档次，加速生产性服务业发展。

《泰兴市滨江镇综合交通规划2016—2030年》　2015年，滨江镇编制至2030年综合交通规划，规划镇域东部江平公路向北接泰州，作为镇域东部一条重要的南北向通道；规划镇域中部襟江路（老泰常公路）作为镇域中部连通泰州与靖江的南北通道，分流过境交通；规划镇域中部沿江大道南接虹桥镇，是镇域南北向重要的对外联系通道；通江路向东延伸接泰兴中心城区，作为贯穿镇域中部的一条东西向快速通道；规划阳江路、大庆西路、澄江路，东至泰兴中心城区，为滨江镇与泰兴城区提供快速的联系；规划中心镇区公交站距为400—600米，外围地区小于800米；规划镇村公交以服务于农村居民的出行，镇村公交依托镇村道路展开，组织放射形公交，以滨江镇区中心为起点，连通各个中心村。根据《泰兴市总体规划（2015—2030）》，提升古马干河为五级航道；提升如泰运河（现状七级航道）为五级航道。规划中心镇区道路网络布局采用方格网形式，形成"三横两纵"的主干路网格局。"三横"为运河南路、通江东路、澄江西路；"两纵"为沿江大道、襟江路。

《泰兴市滨江镇公用设施规划2016—2030年》　2015年，滨江镇编制至2030年公用设施规划，主要包括供水、排水、供电、供气、供热等规划。其中供水规划为工业用水和生活用水，由开发区水厂和宝塔水厂联合供水。排水实行雨污分流排水体系、集中处理的方式，统筹处理区镇污水。供电规划主要是对部分高压线路改线，原则上保留现状的220千伏线路走廊，并严格限制走廊内的建设。供气原则为优先供应居民生活用气，保证公共建筑用气，适当发展工业用户使用天然气。供热以新浦热电厂、沿江热电厂作为滨江镇供热热源，分片区集中供热。

基础设施

道路建设

2021年底，滨江镇建有省道5条、镇区干道9条、通乡村公路38条，总长268.81千米。

省道

江平公路（滨江段）　滨江镇内北起永新村，南至龙岸大道，全长8.35千米，宽21米。

泰常公路（滨江段）　滨江镇内北起东夹江路，南至新段港，全长7.92千米，宽25.5米。

过泰公路（滨江段）　从济川街道江平线向西沿如泰运河南侧至过船江堤路，滨江镇内全长8.04千米，宽14米。

沿江高等级公路（滨江段）　北起马甸护场河，南至如泰运河大桥，全长9.88千米。

沿江大道（滨江段）　滨江镇内北起澄江路，南至虹桥界，全长11.2千米，宽35米。

镇区干道

2021年底，共有9条，总长134千米。路宽9—38米，路面沥青或混凝土。

通村公路

2021年底，共有38条，总长89.42千米，宽2.5—6米，路面沥青或混凝土。

桥梁建设

干河桥梁

至2021年，滨江镇拥有干河桥梁计15座。其中古马干河桥梁3座，由东向西依次为黄西大桥、马甸大桥、马甸节制闸桥；两泰官河桥梁1座为苏余大桥；如泰运河桥梁5座，由东向西依次为如泰运河大桥、福泰大桥、过船大桥（扩建）、过船节制闸桥、滨江大桥；天星港桥梁6座，由东向西依次为天星港桥、陈元桥、北叶桥、东西杨桥、天星港节制闸老桥、天星港节制闸新桥。

福泰大桥　位于福泰路北首，2014年4月开工建设，2017年11月竣工，总投资5000

滨江大桥（2018年）　　顾伯章/摄

万元，桥身长210米，宽25米。

过船大桥　位于沿江大道，2017年9月开工扩建，2019年6月竣工，总投资3500万元，桥身长390米，宽36米。

滨江大桥　位于长江路，2003年10月开工建设，2006年8月竣工，总投资6000万元，桥身长232米，宽22米，该桥梁设计和施工工艺在江苏内河桥梁史上创下“72米无跨度、无风撑、轴线斜交、三跨连续钢管混凝土系杆拱桥”的4个全省第一。

中沟桥梁

1992年起，江苏省泰兴经济开发区先后同步建成一号桥、二号桥、三号桥、四号桥、滨江南路桥、团结河桥、新港路丰产河桥、滨江北路丰产河桥、闸南路段港河桥等。2007年行政区划调整后，区（镇）更大力度实施“金桥工程”，农村中沟桥梁建设得到快速发展。至2021年，全镇中沟桥梁计有223座。其中总长度超过25米、宽度超过4米的中型沟桥38座，分布情况为五杨村1座、蔡桥村3座、石桥村2座、龙港村3座、小马庄村2座、大马庄村2座、西江村3座、大何庄村3座、苏余村3座、苏垈村3座、双彭村2座、中兴村1座、联杨村2座、顾阚村3座、永新村1座、红旗村3座、蒋榨村1座。

镇村公交

2012年1月19日，滨江镇举行镇村公交开通仪式，共开通5条公交线路。5条线路分别为滨江302线、滨江303线、滨江304线、滨江305线和天星线，均从镇政府发车，2019年起，5条线路逐步停运。至2021年，滨江镇有镇村公交线路2条，分别为328线、329线。

滨江302线　全长21千米，途经石桥村、向阳社区、苏中批发城、小马庄、大马庄、大何庄、彭庄、双彭村、马甸村、中兴村、联杨村、永新村，每天9班次。2019年起逐步停运。

滨江303线　全长15千米，途经五杨村、红旗村、红旗中沟桥、沿江大道、金属工艺厂、李垈、天星闸、天星闸南、新星村，每天12班次。2019年起逐步停运。

滨江304线　全长7千米，途经石桥花园、尤湾小区、仁寿村、蒋港村、龙港村，每天12班次。2019年起逐步停运。

滨江305线　全长5千米，途经宁兴机械厂、汤臣压克力、裕廊、锦汇化工、金江化工、爱森化工、新浦化工、振华油脂、港务码头、新浦热电、三木（梅兰化工）、联成（常隆化工）、阿贝尔公司，每天9班次。2019年起逐步停运。

天星线　全长19千米，途经华欣商贸城、金马商贸城、福星佳苑、通江路建行、金城小区、扬子江中学、大生北院、万通物流、洁莱雅、滨江镇政府、光明厂、石桥、蒋榨、邮电大楼、开发区建行、金江化学、供电公司、洋思港、三环路、沿江大道、李垈、天星闸、天星新大街、天星邮电局、天星张家垈，每天12班次。2019年起逐步停运。

滨江328线　全长18千米，途经永新村、联杨村、中兴村、马甸村、双彭村、彭庄、西桥村、龙港村、长沟村、尤湾小区、疏港路与鸿运中路路口、滨江实验学校、滨江政府东。

滨江329线　全长16千米，途径城西首末站、建设银行、济川药厂、滨江政府东、康健护理院、大生中学、兆胜集团、翻身村、沿江大道、李岱、天星闸、新星村。

水利工程建设

涵闸　2021年，滨江镇共有水闸45座、涵洞213座。其中，沿江一级建筑物市管闸5座，由北向南依次为马甸水利枢纽、过船节制闸、过船套闸、天星节制闸、新天星港节制。镇管闸8座，由北向南依次为马甸小闸、当铺闸、西江闸、东夹江闸、新段港闸、老段港闸、洋思港闸、芦坝港闸；闸涵4座，由北向南依次为中港闸涵、包港闸涵、老口闸涵、新星闸涵。

马甸水利枢纽工程　位于泰兴古马干河，距长江口5.2千米，是通南三泰排水区重要的引排口门。1958年8月，建马甸节制闸，1970年建马甸抽水站，1980年节制闸和抽水站合并为马甸水利枢纽。2014—2017年实施改建工程，重建每秒抽水60立方米的抽水站，增建一座套闸。马甸水利枢纽改建工程获2021年度中国水利工程最高奖——大禹奖。

过船节制闸　位于如泰运河入江口，为如泰运河引江口门。始建于1959年，1991年改建为套闸。设计最大引水流量325立方米/秒，最大排水流量194立方米/秒。套闸室长130米，宽16米，通行载重300吨船只。

过船套闸　位于原过船镇，所在河流如泰运河。1970年12月5日开工，总造价45万元（其中开河11万元），1972年7月竣工。1991年10月，改建工程开工。1992年9月5日竣工。系如泰运河通航口门。闸室长130米，宽16米，闸门宽12米。上游底高程2.5米，下游底高程1.5米。顶高程下游5.8米，上游4.5米。按5级航道标准拓浚上下游引河，年通航能力1000万吨。

天星节制闸　位于原天星镇，1958年11月开工，国家投资41.7万元，1959年8月竣工。有5孔，中孔5米（通航孔），边孔净宽4米。设计最大引水流量48立方米/秒、最大排水流量94立方米/秒。设计灌溉面积25万亩，排水面积230平方千米。

新天星港节制闸　位于原天星镇，所在河流天星港。2000年2月10日开工建造，12月9日竣工。闸总长142米，总宽26.2米。有5孔，其中通航1孔。闸孔净宽7米，航孔净宽7米。主要部位高程，闸顶7.5米，闸底0米。通航水位，上游最低水位1.77米，最高水位3.88米；下游最低水位0.16米，最高水位5.93米。

泵站　2021年，滨江镇共有泵站517座。其中镇管排涝站10座，由北向南依次为林场排涝站、当铺排涝站、西江排涝站、老段港排涝站、新段港排涝站、友联排涝站、包港排涝站、新街排涝站、老口排涝站、新星排涝站；镇管排涝闸站5座，由北向南依次为东夹江闸站、团结闸站、排涝二闸站、排涝一闸站、解圩闸站。

港口码头建设

滨江镇拥有17.84千米的长江岸线，大部分为深水岸线。江苏省泰兴经济开发区港口是泰州港泰兴港区的重要作业区。2021

开发区港区（2015年）　余宁台/摄

年，泰兴经济开发区港口拥有码头11座，其中液体化工码头7座，通用散杂货码头4座；泊位13个，其中5万吨级泊位4个，7万吨级泊位2个。港口以装卸转运化工原料、粮食、建材、煤炭为主，年吞吐量分别为800万吨、800万吨、1800万吨、1000万吨。是年，江苏省泰兴经济开发区港口码头完成综合货物吞吐量6000万吨。

公用事业建设

供水　1986年建马甸自来水厂，滨江镇开始推广普及自来水。1992年建开发区水厂，2012年过船、天星两乡镇基本普及自来水。2017年，滨江镇建设覆盖工业园区、集镇区和农村的生活用水专线管网。2021年底，滨江镇设有泰兴市滨江镇供水服务有限公司、滨江供水服务站、马甸供水服务站。

2021年滨江镇消防大队支援消防员技能比武大赛

供电　2021年，滨江镇拥有过境高泰线、港兴线、江港线、都港线500千伏线路4条；拥有建洋4H71线、建洋4H72线、兴盛2H54线、兴盛4949线220千伏线路4条；拥有110千伏线路10条、10千伏线路79条，计425千米，列全市各乡镇供电线路之最。建有公用220千伏变电所2座、110千伏变电所4座，计总容量119.9万千瓦时。

供汽　1994年，滨江镇境域卡万塔热电厂总投资1.4亿元，在如泰运河南侧建成2.43万千瓦、供热120吨/小时的装机容量，为如泰运河南侧企业提供热能。2003年，在如泰运河北侧新建新浦热电厂，一期装机容量60万千瓦，二期120万千瓦，最终装机容量240万千瓦，供应如泰运河北侧地区工业用汽，可提供工业用蒸汽量为146.05吨/小时。2015年9月，成立泰兴市恒瑞供热管理有限公司，注册资本总额8000万元。主营业务为投资建造、管理和营运公共管廊，蒸汽管道运输、管廊、管线建设、租赁服务，蒸汽、工业气体销售，其他热力产品经营。至2017年，公司斥资3.1亿元收购整合、建设园区内公共管廊及蒸汽管网，拥有主管廊总长度约18千米、支管廊总长度约30千米、管墩总长度约11千米。园区最大可供汽能力约为2200吨/小时。

消防　2021年，滨江镇设有江苏省泰兴经济开发区（中片区）专职消防队、江苏省泰兴经济开发区（北片区）特勤消防站、江苏省泰兴经济开发区（南片区）一级消防站，有泡沫水罐车、举高喷射车、泵浦车、防化洗消车、干粉车、后勤补给车、涡喷车、通讯指挥车等各类消防车辆35辆。

应急救援指挥中心　2016年11月，投资2209万元建设，2017年投入运行。硬件有应急平台指挥中心大厅、决策会议室、中心机房、外场4个高空瞭望点位、30组室外广播、1个固定气象站、79路企业光纤专线。软件有安全监管、综合管控预警、环保监管、应急管理与救援、公共服务和统计分析6个模块。至2021年，注册企业信息113家（其中化工企业100家、工贸企业13家），视频接入企业78家，接入视频点位320路，重大危险源企业模拟量接入23家。

消防（2021年）　　滨江镇/供图

应急救援演练（2021年）　　滨江镇/供图

拆迁安置

尤湾小区（2015年）　　冯春良/摄

征地

1991年9月，泰兴县沿江化工开发区建设初期，利用原泰兴县滨江医院（麻风村）56.67公顷闲置国有划拨土地启动建设。2003年，补办60.67公顷用地手续。2004—2006年，累计征用土地641.63公顷，涉及行政村13个、县属企业1个。2007—2021年，累计征用土地918.32公顷，蒋港、褚港、殷石、石桥、中港、洋思、蒋榨、五杨8个行政村被整村征地动迁。

动迁

1991—2006年，江苏省泰兴经济开发区共动迁安置3000多户。2007—2021年，累计动迁安置1.8万户，拆除房屋总面积468.25万平方米，补偿总额43.11亿元。

安置小区

1997年，江苏省泰兴经济开发区建设第一个安置小区——中港安置小区。2002年，开发建设洋思安置小区。2003年3月起，建设印桥安置小区和尤湾安置小区，拆迁户实行统一图纸、专人放样、自我建造的“自拆自建”安置方式。2009年1月起，取消“自拆自建”的安置方式，集中建设公寓房安置。至2021年，滨江镇累计投入40.47亿元，先后建设印桥小区、尤湾小区、福泰新村A组团、福泰新村B组团、东风新村、丰产新村、城南公寓、向阳公寓等安置小区及公共配套设施，安置动迁总户数为1.76万户。

石桥花园（2015年）　　廖建国/摄

村庄建设

农房改造

中华人民共和国成立前后，滨江镇农村住房大多数为简陋的草房及低矮的瓦房，往往人畜混居，无水电设施，村庄布点零乱、居住分散。20世纪七八十年代，村庄建设纳入规划管理，农户开始大面积新（翻）建房屋，房屋一般为砖木混结构的瓦房。90年代起，住房建设尤为迅猛，居住模式以联排式住宅为主，农民新建相当数量楼房和部分庭院式住宅。90年代后期，绝大多数农户将平房改建为楼房，农村住房条件持续改善。21世纪初，因规划控制及城镇房地产开发步伐加快，农村建房进展放缓。2007—2021年，全镇农民个人建房1581户，其中原地翻建1121户，维修加固440户。

居民点

2015年，滨江镇规划村庄建设用地面积539.92公顷，为散布的村民住宅用地；保留农村人口2万人，集中于马甸社区周边。对于保留农村居民点，允许利用现状宅基地进行翻建和改造，推进加强土地整理，逐步提高土地集约利用水平。先后编制完成三联、永新、顾阚、联杨、苏垄、苏余、大马庄、小马庄、西江9个村的村庄规划，实行“规划控制、节约集约、撤并安置”，引导农民集中居住。镇域北部乡村片区空间结构，规划形成“1+6”的空间聚落形式（1个社区为马甸社区，涉及中兴、马甸、双彭、西江4个行政村，打造马甸社区滨江镇副中心，创建滨江北部区域服务中心；6个聚落由永新、顾阚、苏余—苏垄、大何庄、大马庄、小马庄组成，规划19个农村居民点，分别是永新村2个、顾阚村3个、联杨村2个、中兴村1个、苏余村2个、苏垄村2个、大何庄2个、西江村2个、大马庄1个、小马庄1个、三联村1个）。

绿化建设

2018年，江苏省泰兴经济开发区被工信部列入第二批绿色制造示范名单，成为江苏省入选绿色园区的4家单位之一，也是泰州地区首个绿色园区。西江、长沟、仁寿、卢碾等村被江苏省林业局授予“林业绿化示范村”称号。至2021年，滨江镇先后建成沿江大道公路绿化隔离带、沿江大道绿化景观节点、江平公路绿化带、沿江高等级公路绿化带、阳江路（北二环）绿化带、南三环公路绿化带、西郊防空林、泰兴市长江生态湿地与绿色廊道、深度净化湿地工程等。累计绿化投入2.18亿元，绿化面积2651公顷，绿化覆盖率20.07%。

垃圾清理

1994年4月，江苏省泰兴经济开发区环境工程公司成立，主要承担园区道路保洁、垃圾收集、压缩和转运等工作职能。2013年5月，组建马甸、开发区、天星3个片区生活垃圾中转站，隶属于泰兴经济开发区环境工程公司管理。至2021年，先后投入1517万元，配置中转站SGC-1-4压缩机3台、拉臂车3辆、JK-SH-3T有机垃圾生化处理机3台；农村（单位）设置固定垃圾池709个，配备垃圾桶（箱）7304个，购置分类垃圾桶1560个，建设垃圾收集房7处。中转站全年收集压缩转运垃圾约1.6万吨。

河道保洁

2005年起，开展“清洁河道、清洁村庄、清洁家园”活动，推动农村环境建设。2009年起，开展以“四清一绿”（清洁家园、清洁庄园、清洁水源、清洁田园、村庄绿化）为主要内容的村庄环境综合整治，创新实行以村庄、河道、路道、绿化管护为“四位一体”的综合管理模式。2021年，推行以村庄、河道、路道、绿化、公共基础设施和垃圾清运“六位一体”的综合管护运行机制。

舟行秋江（2015年）　印九红/摄

3 滨江胜迹

一方水土滋养一方人。滨江镇位于长江之滨，境域河网密布，纵横交叉，为独具特色的水乡平原，历史悠久，风光秀丽。在数千年的文明发展过程中，留下了众多的文化遗址和遗迹。境域人民在同大自然的搏斗和进行人民革命斗争中，孕育了深厚的长江文化、圩田文化、红色文化。进入新时代，滨江镇坚持生态优先、绿色发展理念，把保护传统文化、遗迹遗址和大江风貌、田园风光、绿色发展有机结合，全域打造沿江田成方、林成网、路相通、沟相连，农民富裕、乡风文明的生态宜居福地。境域千年古韵典藏的厚重历史，日益彰显出时代新生活力。

过船港

过船港位于泰兴城西，中古时期逐渐成为泰兴出江入海的重要门户。光绪《泰兴县志》记载："惟过船、天星平揖圌山、旁枕孟渎成两要口。然沙埂之隐伏，港汊之岐出，潮汐之不时往来，窥侦匪云利便。"过船港江口因沙埂隐伏，大船难靠岸，装运货物必

长江断流碑（2018年） 滨江镇/供图

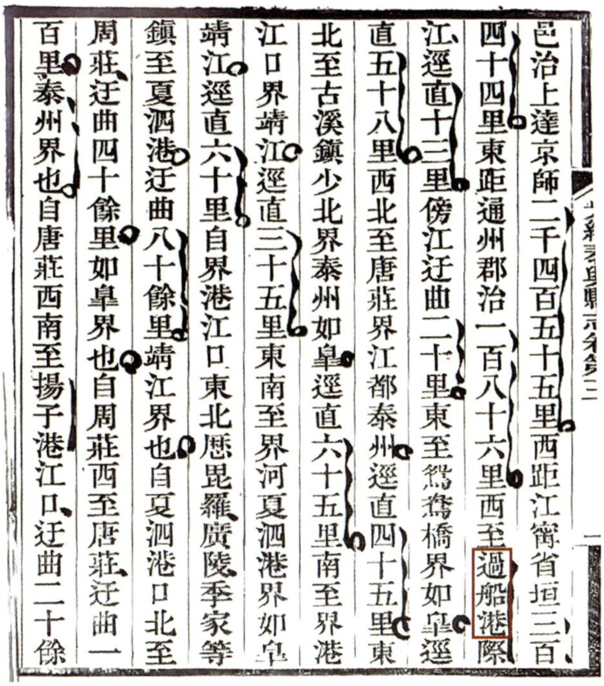

邑治上達京師二千四百五十五里西距江甯省垣三百
四十四里東距通州郡治一百八十六里西至過船港際
江逕直十三里傍江迂曲二十里東至鴛鴦橋界如皐逕
直五十八里西北至唐莊界江都泰州逕直四十五里東
北至古溪鎮少北界泰州如皐逕直六十五里南至界港
江口界靖江逕直三十五里東南至界河夏泗港界如皐
靖江逕直六十里自界港江口東北歷毘羅廣陵季家等
鎮至夏泗港迂曲八十餘里靖江界也自夏泗港口北至
周莊迂曲四十餘里如皐界也自周莊西至唐莊迂曲一
百里泰州界也自唐莊西南至揚子港江口迂曲二十餘

光绪《泰兴县志》关于“过船港”记载

须用小船过驳，故名过船港。明清时期，里下河地区大量货物经由泰兴从过船港运销江南，船只往来之频繁，促成泰兴西江日益繁荣、过船集镇逐渐形成。

江流不息，泥沙沉积，渐成浅滩，时隐时现，港汊岐出，江潮至此平缓宽阔，江面波浪百折千转。明朝初年，泰兴文人朱昶诗咏泰兴八景，其中第一景“过船春潮”、第六景“西江暮雨”记载了过船港“别岸桃花生锦水，征帆鹭影拂银河”“潮势东来疑卷雪，江流北去如奔雷”的风景。

王家港

位于泰兴城西南9千米处，明代为长江滩地上的通江河道，为泰兴八大通江水系之一。王家港长15.5千米，东连泰州护城河，经天星村西出长江。明清时期，王家港通江河口为泰兴江防要地。《泰兴县志》记载：“明洪武、永乐年间，倭寇在我国沿海骚扰，因江防需要，设水操军。万历二十四年（1596），县南王家港斜连孟渎河，江盗出没其间，乃将周家桥营移驻王家港。”

王家港一度成为重要的商贸出江通道，

通江河口天星逐渐形成街市、码头，继而商铺林立，历史上较有名气的有杨大客栈、陈小林饭店、华枫林杂货店、乾元恒酱园店、协兴泰杂货店、仁和生药店、陆记车行、冯记酒店等。光绪《泰兴县志》记载："光绪十年（1884），知县陈谟在天星设义渡分局。光绪十八年（1892），长江通商章程颁布，外国商轮客船可在天星桥停靠载客。"轮船码头位于街道西首，由此登船，东可至常州、无锡、苏州、上海，西可达扬中、镇江、南京、汉口等地。民国时期，泰兴县江防大队驻守于此。

附：长江断流

1993版《泰兴县志》记载有泰兴长江滨江段两次断流现象。第一次为元至正二年（1342）农历八月初四，"江水一夕枯竭"。据说第二天江边渔民像往常一样去打渔，发现波涛翻滚的长江枯竭见底，正当人们在江底捡鱼的时候，突然一声巨响，消失的江水又回来了，巨大的水墙呼啸而来。这次断流可能是长江遇到了千年不遇的枯水期。

第二次是1954年1月13日，"江水一度枯竭"。下午4时，灰沙漫天，天好像要下雨，过船、天星交界段江水骤降，除江中心留有白色带状的一线江外，露出大片的江漫滩。江中轮船搁浅鸣笛，江边的人们争相到江底寻找鱼虾和江底遗物。两个多小时后，江水汹涌而下。

对于两次断流，探索研究者众多，究其原因，尚无科学定论。为了纪念两次断流事件，滨江镇天星港入口处建有长江断流碑。

玄坛庙古戏台

玄坛庙位于滨江镇长沟村，始建年代无考。清嘉庆年间（1796—1820），一肖姓人士出资修缮戏台。光绪《泰兴县志》记载：“玄坛庙在城西10里处，庙中供奉赵公明元帅，原有房舍99间半”。清光绪三年（1877）遭受龙卷风侵袭，庙屋全毁，唯戏楼幸存。

原庙宇主殿背阴面阳，戏台位南向北，主殿与戏台之间有一个可容数千人的广场。古戏台虽破旧严重，但仍保持原来的平面布局和结构形式。古戏台分上下两层，高7.5米，面阔8.7米，进深4.5米。上层为演戏台，高5.3米，下层为过道，高2.2米，后屋桁梁上有“大清嘉庆四年十一月初一日”字样。

玄坛庙每年农历三月十五的前后3天，举办盛大的玄坛庙会（节场），邀请班组唱京戏，其他时间演出地方小戏等。时各路商贩汇聚于此，沿途摆摊设点，各种农具、生活用品、手工艺品、儿童玩具、地方小吃，生意十分火爆。周边农户，早早约请亲朋好友到节场购物，准备丰盛菜肴宴客，以尽地主之谊。中华人民共和国成立后，经常在此举办群众文艺演出活动。1987年，玄坛庙古戏

玄坛庙古戏台（2021年）　　邵奇青/摄

位于西马甸老街的解放初马甸银行旧址（2021年）
邵奇青/摄

西马甸老街（2023年）

圩田风貌（2023年）

台被泰兴县政府公布为文物保护单位。2021年，滨江镇对玄坛庙古戏台进行修缮。

西马甸老街

马甸集镇按百姓聚居点分为东马甸、西马甸和中马甸，三甸中西马甸最繁华。西马甸有南北老街和东西老街，成“丁”字形，俗称榻耙街。民间有“马甸是个榻耙街，十家就有九家卖”俗语形容西马甸街市场繁荣，两条街有商铺60多家，历史上曾开设布店、油漆店、药房、肉铺、渔行、粮食行、草行、猪行、竹行、酒行、当铺、铁匠店、浴室、茶馆店等。

西马甸南街有一家坐东面西的老药房，大青砖，琉璃瓦，檐高门宽，厚重的大门上钉着硕大铜兽门环，雄狮怒目圆瞪。宅院宽敞，院内除大药房外还设有邮局和一家灰竹行。《泰兴县志》记载，老药房建于清朝初年，后曾多次修缮，如今部分建筑尚在，古风犹存。

圩田风貌

滨江镇属于长江下游漫滩地貌。宋元以来，随着江滩不断沉积增高，开垦江滩的人不断增多。他们往往选取高地，前后挖沟，取土填入高地作为宅基地，筑室定居。他们在江滩上垒土筑圩，既挡水固沙、抬高地势，又围垦成田，种植庄稼，逐渐形成许多自然村落。经过数百年的演变，逐渐形成滨江特有的圩田风貌。村庄依水布局，沿水筑路，依水建房，房前屋后，开门见水，水多桥多，成为典型的江南水乡风貌，独具长江滨江风光的韵味。

中安轮烈士纪念广场

2015年3月，为纪念1945年新四军北撤中安轮烈士，在滨江镇新星村重建烈士纪念碑，占地面积2333.33平方米。1945年10月15日，抗战结束后，新四军苏浙军区第四纵队机关、第10支队两个连及浙西、苏南地方干部近千人，奉命渡江北撤，当乘坐的中安轮行至境域天星桥西南约2000米的江面时不幸沉没，苏浙军区第四支队政委韦一平、苏南行政公署财经处长李建模、溧阳县县长徐公鲁等800余人遇难。1960年中安轮打捞

中安轮烈士纪念广场（2013年）　　顾伯章/摄

丁广田故居（2021年）　　邵奇青/摄

起浮后，中共泰兴县委、泰兴县政府将烈士忠骨安葬于新星村。1984年，江苏省政府在泰兴镇北郊立碑建馆。1986年7月8日，将忠骨运移新址安葬。2015年3月，在烈士牺牲70周年之际，江苏省民政厅批准滨江镇新星村建设中安轮烈士纪念广场，重建烈士纪念碑，上书“新四军苏浙军区北撤渡江死难烈士永垂不朽”19个大字。

渡江战役纪念馆（丁广田故居）

位于滨江镇新星村，为民国时期的一栋普通农村民居。1918年，丁广田出生于此。1945年10月15日深夜，“中安轮”遇险后，他深夜驾船紧急驶往出事地点，救出新四军指战员等30多人。1949年4月渡江战役中，他在解放军某部的指挥下，劝降敌舰“永记号”，被誉为“扬子江上英雄船”船老大（丁广田生平事迹详见本志第九篇“人物传略”）。

“冲锋在前，冲锋在前，是你丁广田，架着木船劝降敌舰……”丁广田的英雄事迹一直在滨江地区传诵。2021年，滨江镇政府会同新星村修缮丁广田故居，辟为渡江战役纪念场所，成为镇村重要的党史、革命史教育基地。

渡江战役东线突击阵地

位于滨江镇新星村。1949年2月下旬，第三野战军主力陆续南下，3月中旬到达苏中地区，进入泰兴、靖江沿江战备位置，训练水上作战，侦察敌情，待命发起渡江战役。滨江镇长江沿线不仅驻扎解放军，驻有许多支前机构和渡江支前粮草队、担架队、宣传队等在各村之间往来穿梭，全力支前。滨江镇许多渔民驾驶着支援船只参与渡江，当时的河道和夹江里停满了大小船只。4月21日夜，渡江战役东突击集团第一梯队某部在泰兴过船龙稍港至如皋张黄港长江段实施渡江作战，突破江南敌军防线；另一部队在泰兴过船龙稍港至江都三江营的长江段强渡长江，解放扬中岛。

生态湿地公园

公园位于滨江镇沿江北路与阳江路交叉口向南500米路西侧，长462米、宽140米，投入总额700万元，绿地面积6.5公顷。2017年3月开工，同年7月竣工。以银杏树为景，叶为径为总格调，按照“服务空间、游憩空间、生态空间”三个功能定位建设。入口设计绿色季相，以香樟、桂花、女贞、石榴等主要绿化品种为主；湿地游憩区设计金色季相，以银杏、榉树、朴树等主要绿化品种；生态修复区设计红色季相，以枫树、栾树、乌

生态湿地公园（2017）　　滨江镇/供图

福泰公园（2018年）　　滨江镇/供图

滨河公园（2019年）　　滨江镇/供图

柏、合欢等主要绿化品种为主，打造休闲游憩、湿地保育、生态修复于一体的多功能性滨江镇湿地公园。公园主要建筑设施有园路（骑行道、滨江步道、园区游步道）、小广场、停车位以及公共厕所。

天星洲生态湿地公园

长江泰兴段有一座名为天星洲的江心小岛，外侧是长江干流，隔一条夹江与陆地相望。天星洲自滨江镇新星村向下游延展9.1千米，面积约830公顷。50—70年代，上游长江嘶马弯道偶有江岸崩退，崩坍泥沙在长江天星段淤积，逐渐发育形成天星洲。又经过20多年的冲淤调整，天星洲形态稳定，地势平坦，汛期上游漂来的水生植物在岛上落地生根，形成天然植被，其中以芦苇为主，天星洲成为一座天然绿岛。20世纪八九十年代，每至夏初沿江村民都要到天星洲上采集苇叶，卖作包粽子的竹箬；冬天则到天星洲上收割芦苇。

福泰公园

公园位于滨江镇福泰路东侧，东一路西侧，丰产河南侧，长260米，宽160米，总面积为4.16公顷，其中水面面积4490平方米。2017年2月开工建设，2017年9月竣工。由上海开艺设计集团有限公司设计，投资总额1223万元。公园以绿化造景为主，小品设施为辅，可适应不同年龄层次人员的活动、休闲。公园主要设施有休闲广场、亲水平台、木栈道、景观廊架、景观灯、喷泉、公厕等。

滨河公园

公园位于滨江镇福泰路西侧，运河北路北侧，北一路南侧。全长450米，宽140米，总面积为6.3公顷，其中水面面积6560平方米。2017年5月开工建设，2017年12月竣工。由上海开艺设计集团有限公司设计，投资额约1245万元。主体风格为生态型、开放式景区，可供人休憩，给人以安静舒适之感。公园主要设施有休闲广场、近水平台、人行桥、景观廊架、景观灯、公厕等。

4 长江保护

2012年以来，滨江镇牢固树立“绿水青山就是金山银山”理念，坚持生态优先，强化绿色发展，统筹推进长江大保护。立足守住底线、推动精准治理、加快转型发展，先后开展大气、土壤、水污染防治和清废行动，实施长江生态湿地和绿色廊道建设工程，形成独具特色的滨江绿廊和大江风貌。2021年3月1日《中华人民共和国长江保护法》颁布施行后，滨江镇不断强化底线意识和实干作风，始终把长江大保护工作牢牢抓在手上，多举措进一步推进长江大保护工作，全力打造沿江产城融合、“三生”（生产、生活、生态）协同的标杆城镇，开创推动长江经济带高质量发展新局面。

瑰丽江色（2014年）　王志平/摄

江堤建设

"河"我一起，
守护母亲河

泰兴濒临长江，历朝历代都要培修江堤。明永乐二年（1404），泰兴县修筑长6650丈、高1.5丈的江堤，这段江堤包括长江滨江段。明、清两朝，滨江地区先后15次修筑、复修江堤，但江堤矮小单薄，防洪能力有限，基本处于有堤不能防灾的状态。

1955年2月4日，泰兴县人民政府实施中华人民共和国成立后第一次江堤全面修复工程。工程北起杨湾，南至靖泰界河口，总长48.94千米，覆盖整个滨江镇境域江堤。至1996年，天星、过船、马甸等沿江乡镇根据上级统一部署，组织民力采取挑运土方等方式，对江堤先后进行8次大规模培修，主要是调整、改线、加高、培厚江堤。培修后的江堤高8.11米、顶宽10米，背水坡1∶2.5，迎水坡1∶3，达到二十年一遇的防洪标准。

江堤建设（2007年）　　顾伯章/摄

江堤达标建设

1997年4月行政区划调整后，泰兴市开始实施为期3年的江堤达标建设。主要是进一步加高培厚夯实江堤，加固险工险段，用块石或混凝土在迎水坡修筑护坡，堤顶铺设沥青防汛巡查公路，重建、改建或加固通江闸、涵。至1999年，江堤迎水坡从堤脚到堤顶建有厚约0.2米的水泥块石护坡，堤肩迎水面建厚0.4米、高1.1米的挡浪墙，堤顶建有宽约10米的黑色防汛公路，江堤防汛标准达五十年一遇的标准，其中天星段江堤为泰兴江堤达标建设示范段。2000年10月，全国水利科技会议召开，与会人员参观泰兴市江堤达标建设，均给予好评。

2018年，泰兴市以百年一遇的防洪标准启动新一轮江堤达标建设，先期对北起滨江洋思港、南至虹桥镇六圩港段的江堤进行整治加固。2020年，过船节制闸按百年一遇防洪标准完成除险加固。2021年，总投资2.38亿元马甸枢纽工程改建工程竣工。是年，滨江镇完成10座沿江一级闸站泵闸自动化改造，可实时监测汛情，远程控制闸站启闭，实现防洪排涝调度与自流活水调度常态化管理。

江堤防洪规划

2015年，滨江镇编制至2030年防洪工程规划。《长江流域综合利用规划报告》中长江设计洪水位为6.1米，江堤外侧实施现浇混凝土或浆砌块石护坡，砌筑挡浪墙。江堤顶宽9—10米，顶高6.8—7.8米，挡浪墙顶高程7.5—8.1米（废黄河高程系）。堤顶修筑黑色防汛公路，均要达到五十年一遇防洪标准。

同时，规划将如泰运河、天星港、龙稍港、团结河、通江河、丰产河、洋思港等作为排水河道。对于老港涵洞、泥沙圩涵洞等近年新建工程，规划保持现有规模。水利工程遭破坏影响运行时，及时进行加固、改建。

滩河整治

江滩整治

滨江镇沿江村民有开挖江滩或圈围长江水域养殖江鱼、江虾、江蟹的传统，逐渐形成鱼塘甚至养殖场。改革开放后，违规建设的小型码头、小型造船厂、小化工厂占据江滩，破坏了长江生态，浪费长江岸线资源。2013年，泰兴市整治长江岸线，滨江镇关停、拆除部分占用江滩的散乱企业。2016年起，境域集中实施江滩清理和环境整治，先后拆除小船厂2家、鱼塘（养殖场）11个、建筑物和构筑物30座，以及江滩高压电线、道路、库房等生产生活设施。2019年起，按照《泰兴市化工生产企业"三评级一评价"实施方案（试行）》，滨江镇以"沿江一千米化工生产企业"为重点，高标准、快节奏、强压力推进化工企业"四个一批"（关停一批、转移一批、升级一批、重组一批）专项行动和化工产业安全环保整治提升工作，沿江1千米区内化工企业全部淘汰关闭，化工企业入园率97%。

通过退渔还滩、退厂还滩整治工作，滨江镇实现腾退长江岸线2460米，江滩宽度逐渐恢复并保持在100米以上。

江滩湿地（2020年）　　张宏伟/摄

新星村河长制主题公园（2020年）　　滨江镇/供图

河道整治

入江河道整治

入江河道防控体系是防洪保安、生态治理、景观休闲相融合工程中重要的一道关卡，也是长江水污染防控的最后一道防线。滨江镇共有直通长江河道16条，大量村庄河道、生产中沟又与16条河道交叉相联，构成错综复杂的水网，全镇地表水均通过这些河道水网排入长江。为确保河道水质和长江安全，滨江镇采取清除淤积污泥、疏浚河道、拆坝改涵、畅通水流、建设河道林网等，实施入江河道、河网整治。2018年，滨江镇全年共整治庄河128条、总长58.98千米、疏浚土方35.38万立方米；整治坝埂66座，其中拆坝建桥8座、拆坝改涵39座、废坝减坝19座。2019年，滨江镇西江村投入200多万元，将3条中沟及29条河道整治到位，并在河道两侧栽树种草，实行生态护坡，获评江苏省和泰州市绿化示范村。至2021年，滨江镇按照每隔6—8年对村庄河道、生产中沟整治1次计划，通过“管、治、保”三位一体整治，实现河畅、水清、岸绿、景美的生态环境目标，保障了长江水环境的安全。

河长责任制

2017年起，滨江镇对境域河道实行河长责任制，落实专人加强河道管护，对河道实施常规的清理和保洁。加大执法检查力度，封堵通向河道的工业企业排污口，拆除河岸违章建筑，查处向河道倾倒杂物、秸秆现象。2019年，配合泰兴市长江生态湿地和绿色廊道建设，滨江镇重点整治如泰运河南侧的新星村，累计拆除河道沿线违章建筑235处、清淤土方6.5万立方米、整治坝埂96座、绿化39.64千米，并在新星村十圩通江河建设首个有水、有树、有花，与周围村庄融为一体的河长制主题公园。公园设有小桥流水绿化景观、绿荫长廊，河长制科普长廊介绍节水护河知识，为市民在茶余饭后提供休闲游憩的场地，让市民在游玩中潜移默化地接受河长制文化。

2021年起，滨江镇设立河长述职制度、内外联动协同治水，高效推进水体治理，提高管护效能，促进“河长制”迈向“河长治”。同时，在河道的整治重点上由环境整治为重点，转向以水质达标为重点；在河长的巡河履职上，由巡查河道转向既巡河道，更巡上下游、左右岸；在河道的管护上，由人工巡查转向人工巡查与信息化巡查相结合；在水利工程建设上，由满足引排防洪保安转向满足引排和打造水景观。推动治水兴水管水迈入新阶段，以此全面提升水安全、水生态、水环境，推进河长制落实见效，为建设美丽滨江和长江水安全提供强有力的水资源保障。

污水治理

工业污水治理

1992年，泰兴滨江污水处理厂建成，日处理污水能力3万吨。2007年、2010年，滨江污水处理厂先后两次实施扩容，日处理工业污水能力6万吨、生活污水7万吨。园区工业企业的生产污水经过企业预先处理，达到接管标准，再由污水管道输送至污水处理厂集中处理，达标排放。2011年起，泰兴经济开发区委托第三方专业机构跟踪评估污水集中治理效果，开展企业污染现状普查，建设污水在线监测系统、污水排放智能监管系统、园区环保监测平台等项目，确保园区工业污水达标排放。实施入江排污口集中整治，污水接管率、统一收集率、集中处理率均达100%，严防污水排入河道、长江。

2015年起，泰兴经济开发区先后实施苏伊士、爱科、福昌、联泰等一批危废处置项目，污水处理过程中产生的污泥得到无害化处置。为提高治污成效，2019年，泰兴经济开发区新建10万平方米工业污水处理厂，建有进水检测间、均质池、二沉池、配水构筑物、高密度澄清池、V型滤池、中间提升泵站等净化设施，综合采用生化、物理、化学等污水净化处理方法，日污水处理能力5万吨，为全国规模最大的精细化工污水处理厂。

生活污水治理

2008年，滨江镇过船集镇区开始建设生活污水收集管网，实施雨水和污水分流，污水收集输送污水处理厂处理。2019年，滨江镇对马甸集镇建成区、新星村、卢碾村开始实施镇村生活污水治理工程，铺设污水收集管网，配套建设一体化污水处理站，实现生活污水达标排放。其后，小马庄、大何庄、大马庄、苏垈等村生活污水治理工程先后开工建设。镇村生活污水治理工程的截污纳管项目、雨污分流改造项目、排水管道项目等，织成主支次管网，形成镇村一体化、网络化、全覆盖的生活污水治理体系。

尾水净化湿地

2019年之前，江苏省泰兴经济开发区工业污水经集中处理达标后直接排入长江。

2019年，开发区投资1.1亿元，建成尾水净化生态湿地，经污水处理厂处理达标的尾水不再直排长江，而是排到距离长江1千米之外的河道进行生态自净后，再排入长江。

尾水净化生态湿地规划面积230亩，至2021年建成80亩。湿地建有生物氧化塘、垂直潜流湿地、水平潜流湿地、清水涵养塘等，成为生态安全的缓冲区和提升区。污水处理厂的尾水集中到尾水净化湿地，利用植物发达的根系吸收功能不同去除尾水中的氨氮、总氮、总磷。尾水经过不同功能湿地的净化，水质从劣Ⅴ类提升到Ⅳ类，污水处理厂处理达标的工程水变成湿地净化的生态水再排入长江。

上图：滨江污水处理厂（2011年） 顾伯章/摄
下图：尾水净化湿地（2021年） 滨江镇/供图

生态修复

长江生态廊道

经过多次行政区划调整，至2021年，泰兴市沿江只有滨江、虹桥两个镇，长江岸线总长24千米。

2016年，泰兴市结合长江岸线清理整治与生态修复，筹划建设长江生态廊道，实现“还江于民，还岸于民，还景于民”。泰兴市划出12千米的长江岸线作永久保护，其中包括滨江镇新星村、卢碾村全长5.1千米的长江岸线。2018年，泰兴市正式开始建设长江生态廊道，其中滨江镇最南端的新星村为长江生态廊道的核心区域。是年5月，泰兴市在滨江镇洋思港举行“共抓大保护泰兴在行动”暨12千米长江生态湿地和绿色廊道工程启动仪式。长江生态廊道的基础工程由江堤堤顶公路、堤外江滩湿地景观、堤内林带三部分组成。江堤堤顶公路按照百年一遇的防洪标准拓宽、加固改造，设8米宽机动车道、3米宽彩色沥青跑道。江堤内侧种植水杉、池杉，营造50米宽的林带，造林1200亩，恢复湿地3000亩。堤外江滩涵养水土，恢复芦苇等水生植物，挡浪、固土、生态效应并重。沿线建有泰兴生态文明教育基地、长江断流地标、观潮亭、水上森林等特色景观，设有长江保护长廊、湿地科普走廊、水文化展示长廊等科普设施，形成独具特色的大江风貌、滨江绿廊、圩田风光。

2020年6月，泰兴长江生态廊道建成开放，总面积约15平方千米、总投资约6.2亿元。廊道慢行步道、亲水栈台及湿地公园错落有致，堤顶江堤路全线贯通，有效沟通景区内外交通，实现从“靠江不见江、临水不亲水”到“还江于民、拥江入城”的历史性转变。

生态廊道拓展区

滨江镇生态廊道拓展区范围东至沿江大道、南至头桥港、西至江堤路、北至天星港，面积4.5平方千米。滨江镇结合国家乡村振兴战略要求，坚持“江、岸、村”系统治理思维和“规划引领、生态优先、绿色发展、全面振兴”工作理念，依托长江生态廊道优

长江生态廊道（2020年）　　张宏伟/摄

江畔湿地（2014年）　　王志平/摄

势，建设生态廊道拓展区。通过整治人居环境，建设绿美乡村，提升农田质效，发展绿色经济。

优美的生态环境催生一批现代农业产业项目落户拓展区，玻璃温室大棚生产车厘子项目、“水稻+”特色种养项目和土地托管服务项目建成达效。同时，滨江镇加快推进旅游经济，链接生态廊道工程，规划生态旅游线路，传承红色基因，挖掘长江断流文化、渔港文化底蕴，讲好乡村故事，带动旅游发展。

至2021年，滨江镇形成田成方、林成网、路相通、沟相连、干净整洁、功能配套、农民富裕、乡风文明的乡村振兴示范片区。是年，生态廊道拓展区内农村常住人口年人均可支配收入2.73万元。

省级湿地公园

2021年，泰兴市立项建设长江天星洲省级湿地公园，在天星洲上植树造林1000多亩，实施湿地保护、湿地修复、科研监测、种质资源保护等项目，筑起长江岸线生态保护屏障。天星洲被纳入江苏省生态岛试验区建设方案，建设江豚保护小区、水鸟保护小区，探索敏感生态与工业产业交织区域生物多样性保护工作。

监管和应急建设

进入21世纪，滨江镇加快实施开发区“透明园区”建设，督促企业安装污染物自动监控设备、视频监控、治污设施工况监控等监测监控设施，推进危废产废、暂存、出库、处置全过程监管系统建设。同时加快环境应急处置体系建设，完成应急物资储备库的整合，推进公共应急事故池建设。至2021年，滨江镇建成天地一体化环境监测平台，实时监控企业废气排口、清下（雨）水排口、污水排口和环保设施运行状况，实现监管“全覆盖”，及时掌握环境质量。建成化工园区应急闸控系统和应急指挥平台，确保在突发环境事件发生后不对长江造成影响。

禁渔行动

2020年1月1日，长江水域开始实施十年禁渔计划。滨江镇江堤、港堤总长21.65千米，涉及7个行政村。为贯彻落实上级要求，滨江镇张贴公告，发放传单，设立集宣传、人员监督和举报受理的长江禁渔公示牌，引导沿江村民和社会公众理解禁捕、宣传禁捕、支持禁捕。滨江镇坚持抓好源头治理，组织沿江村组干部、退捕渔民，建立禁捕护鱼巡逻队，全流域、全天候巡护。同时重点监管贩售渠道，加强对农贸市场、餐饮行业的执法检查，严禁收购、销售江鱼，督促餐饮单位整改以江鲜为主题的店招店牌36块、菜单150余份。

生态文明教育基地（2021年） 邵奇青/摄

生态教育长廊（2021年） 邵奇青/摄

“健康长江泰州行动”指挥中心（2021年） 邵奇青/摄

2020—2021年，滨江镇通过重点蹲守、水上巡查等方式，加大禁渔力度，先后向公安机关移送违法钓鱼人员20余人次，配合公安机关抓捕非法捕鱼人员3名，组织行政执法部门拆除、驱离存在“涉渔”企图的“三无”船舶96条，收缴、清除江边地笼网等捕鱼设施300余处。在全社会初步形成江上不捕、市场不卖、餐馆不做、群众不食的长江禁渔效果。

健康长江泰州行动

2020年6月15日，位于滨江镇的“健康长江泰州行动”指挥中心投入运行。指挥中心建有大数据平台，运用污染源监测设备、铁塔视频、无人机、无人船、卫星遥感等手段，及时捕捉、发现、处置或转交办理长江生态环境问题，推进长江大保护的立体管控和智慧管理。至2021年，滨江镇所有河流国省考断面、所有入河排污口均在监控之列，做到有口皆查、有水皆查。所有监控数据都联网到大数据平台，监管人员24小时值守，一旦发生环境问题，会立即反馈给平台，通报给相关部门迅速处置。

化工科技集聚区（2012年）　　顾伯章/摄

5 精细化工

江苏省泰兴经济开发区是全国首批专业性精细化工园区，经过30多年的创业、创新、发展和调整、转型、升级，形成以精细化工为特色、以氯碱和烯烃链式发展为动力、以新材料和健康美丽产业为主导产品的产业格局，连续10年跻身全国化工园区10强行列，2021年位列第五位，先后被命名为国家火炬计划泰兴精细专用化学品特色产业基地、全球精细化工产业集群合作基地和全国产业集群区域品牌建设精细化工产业试点园区。

精细化工园区

沙画话发展

化工产业一直是泰兴工业的支柱产业之一，20世纪70年代起泰兴化工工业发展迅速，被称为“化工之乡”。至80年代末，泰兴县拥有化工企业150多家，产品20多类、品种340多个，产值、利税分别占全县工业总产值、利税总额的18.6%和22.4%。但分散式发展造成环境污染日趋严重，治理刻不容缓。1991年，中共泰兴县委、县人民政府决定依托长江黄金水道，建设沿江化工开发区，走化工集聚发展、污染集中治理之路。1993年被批准为省级经济开发区。2002年4月，开发区中的化学工业园区被中国石油和化学工业协会命名为中国精细化工（泰兴）开发园区，重点发展氯碱化工、医药农药中间体、染料颜料、油脂化学品、生物能源、电子化学品、化学助剂及其他精细化学品等产业，来自新加坡、荷兰、法国、德国、美国、以色列、日本等10多个国家和地区的跨国公司、世界500强企业及国内投资项目相继落户。

园区建立

1991年5月28日，泰兴县沿江化工开发区领导小组成立。9月，在过船镇江边组建泰兴县沿江化工开发区，实行企业集聚、产业集群、治理集中管理。11月，泰兴市沿江化工开发区首批项目开工建设。1992年2月，《泰兴市沿江化工开发区控制性规划》通过审批，沿江化工开发区总用地为1.32平方千米，人口容量为1万人左右。8月，首批项目竣工投产，化工部部长顾秀莲为开发区题词：“依托黄金水道，盛开化工之花”。国营泰兴染料化工总厂为首个进区投产企业，职工286人，当年实现总产值8950万元、销售6500万元、利税800万元。

1993年5月，泰兴市政府批准《泰兴市沿江化工开发区规划》，规划面积4.62平方千米，其中起步面积1.32平方千米，界址为东到闸南路，南到洋思港，西到长江边，北到如泰运河。同年，泰兴市沿江化工（集团）总公司成立。7月，泰兴市沿江化工开发区管理委员会成立。11月11日，泰兴市沿江化工

开发区区位图

开发区被江苏省人民政府批准命名为江苏省泰兴经济开发区，为全省首批13家省级开发区之一，也是全国最早的专业性精细化工园区。

江苏省泰兴经济开发区按功能定位分为“四园一中心”，即化工产业园、化工装备制造园、高新技术园、港口物流园和行政商务中心，形成特色鲜明、产业配套、功能齐全的综合性园区。至1993年底，进区企业6家，职工1927人，完成工业总产值3.23亿元。

1995年12月，江苏省泰兴经济开发区引进新浦化工氯碱系列项目，成立新浦化学（泰兴）有限公司，为首家进区的外商独资企业。1999年，引进法国SNF公司聚丙烯酰胺项目，成立爱森（中国）絮凝剂有限公司。1999年，引进荷兰氯乙酸化工项目，成立阿克苏·诺贝尔氯乙酸化工（泰兴）有限公司。

2002年4月，江苏省泰兴经济开发区化学工业园被中国石油和化学工业协会命名为中国精细化工（泰兴）开发园区，重点发展氯碱化工、医药农药中间体、染料颜料、油脂化学品、生物能源、电子化学品、化学助剂及

管廊串起特色产业链(2017年)　　顾伯章/摄

其他精细化学品等产业。中外合资企业江苏泰丰化工有限公司系全球最大靛蓝生产企业，年产靛蓝占世界总产量的40%。

产业链条

2021年，开发区拥有全球产量最大的氯乙酸和酞菁颜料生产基地，全球生产能力第二的对氨基苯酚生产企业，生产能力第三、单体规模最大的丙烯酸及丙烯酸酯生产企业；拥有亚洲最大的水处理材料聚丙烯酰胺生产企业；拥有中国产能最大的苯乙烯、感光液、四氧化三钴、环氧丙烷、锂电池原料、亚克力板材、船用空调制冷材料生产企业；拥有中国单套装置最大的苯酐、乙烯法特种PVC和醇醚生产企业；拥有中国首套乙烷丙烷脱氢及下游一体化装置。

是年，产业园依托氯碱、烯烃基础原料优势，深耕细作氯气、氢气、乙烯、丙烯四大板块，扩大专用化学品、特殊化学品、功能化学品比重，加快推动原料产品向下游产品转型，构建以精细化工为支撑、以新材料和健康美丽(医药、日化)为主导、以现代服务业为保障的“1+2+X”现代产业体系。精细化工产业园有化工企业82家，化工产业精细化率达50%，产业关联度达65%。其中精细化工产业实现国税开票销售收入483.1亿元，占全镇工业总量的43.6%。上游企业的副产品成为下游企业的主原料，形成较为完善的氯碱、烯烃两大产业链。

机构组织

开发区成立初期，即成立招商服务办公室，明确一名江苏省泰兴经济开发区党工委委员统筹协调，由招商服务办公室统一汇总各招商分局报送的项目信息，参与成熟项目的洽谈，配合做好项目预审工作。

2007年起，区(镇)先后设立招商一分局、招商二分局、服务业招商分局、上海招商分局、北京招商分局5个招商单元。建立项目招引工作制度，完善建立例会、环评、安评、稳评等项目招引工作制度，推动区(镇)项目开发、招商引资工作平稳有序进行。2009年，组织开展重大项目推进年活动；2016年，组织举办“世界化工巨头EHS发展论坛”、中国涂料工业百强企业走进江苏省泰兴经济开发区和德国、日本、韩国及上海、北京、深圳等招商活动，取得巨大成功。

至2021年，区(镇)计有25人专门从事招商引资工作。每个招商单元有一名分管负责人，牵头组织所属招商单元做好项目信息的收集、整理、筛选、甄别、跟踪、洽谈、签约、落户等工作。

招引方式

区(镇)采取定向招商，紧盯北京、上海、深圳等大城市，每年分期组织一次大型投资环境说明会，举办不同主题的高层次产业发展论坛，加强宣传推广，开展项目推介活动。采取专业招商，由各招商单元根据各自的主攻方向，针对特定领域不定期开展专业招商。采取委托招商，筛选有一定资源和实力的中介和咨询机构，进入实质性招商洽谈。采取以商引商，聘任区内骨干企业主要负责人担任园区招商引资首席顾问，针对该企业的上下游客户进行产业链招商。采取市场化招商，改变政府包揽招商引资的传统方式，探索以市场化公司作为招商引资实施主体。

政策优惠

1994年起，规定凡进区新办企业，从产品正常批量销售起，免征所得税2年。1995年起，规定凡一次性投入3000万元以上（包括合资、横向联合等项目），并经泰兴市重大项目办公室论证、泰兴市政府批准的重大项目，享受开发区项目优惠政策。1996年12月起，规定凡年产值超10亿元和利税超1亿元的企业，连续3年享受特殊扶持政策。1997年起，规定凡进区投入1000万元以上的新办企业，自投产之日起两年内缓征50%的流转税。

2000年起，规定凡对科技含量高、出口创汇能力强，经济带动作用大的项目或外方实际投资在1000万美元以上的重大项目，采取“政策随项目走”的办法给予特殊优惠。2002年起，规定凡生产型企业所得税率按24%计算，从获利年度起实行“两免三减半”政策。2006年起，规定在执行引进项目投资强度160万元/亩（或20万美元/亩）的同时，项目投资“门槛”由总投入3000万元提高到8000万元（或1000万美元）。

2007年起，规定引进项目条件由总投资8000万元（外资及港澳台资1000万美元）提高到2亿元（外资及港澳台资3000万美元）。2009年起，规定3000万美元只是化工项目进区的门槛，首次提出引进投资1亿美金或8亿人民币以上的项目；寻求3亿美元或30亿元人民币左右的特大型项目。

2017年起，全面实施“负面清单”管理制度。2021年，严格执行、坚决落实沿江1000米和区外一律不新上化工生产企业，长江干流岸线、清水通道沿线11千米一律不得新改扩建化工项目的政策规定。明确新上化工项目亩均投资强度、亩均国税开票销售收入和税收收入分别不少于500万元、500万元和50万元，总投资低于10亿元的化工项目不再招引（对符合绿色高质量发展的高端精细化工项目可采取一事一议）。

环保前置

江苏省泰兴经济开发区从成立之初，就对环保工作提出很高要求。在化工项目的选择上，明确两不上，即污染重的项目不上、有污染而无法治理的项目不上；在治污设施和生产建设上，做到三同时，即同时设计、同时施工、同时投产；在总体治污方案上；实行两级处理，即考虑到各企业、产品污水中成分不一，先由各企业进行一级处理，达到三级排放标准后由总管道输送至污水处理厂进

污水处理厂（2015年） 龚留俊/摄

行物化、生化二级处理，达到国家规定的排放标准后再定期排放。

1993年初泰兴市两会期间，大会主席团专门组织人大代表、政协委员视察刚刚拉开框架的江苏省泰兴经济开发区，让人大代表和政协委员实地察看污水处理等基础设施和公共设施规划布局，听取规划编制单位专家和经济开发区专业工作人员现场解疑释惑。推进精细化工产业集聚发展、三废（废水、废气和固体废弃物）集中治理。

2008年起，区（镇）不断提高环保门槛，严格执行环保第一审批权，做到"三不上"（不上重污染项目、不上有污染难治理项目、不上低水平重复建设项目）。2014年起，充实完善"初步议、专家评、联合审"的项目落户评价机制，进一步把好项目准入关，对不符合产业政策和产业发展方向、不符合投资强度和产出效益、不符合安全和环保要求的项目坚决不予落户。

科技创新

科研机构

江苏省泰兴经济开发区成立以来，重视推动企业、产品的科技发展和创新工作。通过成立各种级别和类型的科研机构，进行新产品的研发、推广，实现规模化生产。

省级　2011年江苏凯力克钴业股份有限公司、2016年江苏中丹化工技术有限公司等，先后建成省级院士工作站。

2013年江苏中丹化工技术有限公司、2014年泰兴金江化学工业有限公司、2015年泰兴市梅兰化工有限公司、2016年泰兴冶炼厂有限公司、2017年江苏泰特尔新材料科技有限公司等，先后建成省级研究生工作站。

新浦化学·新材料研发中心（2023年）　　滨江镇/供图

2010年，江苏中丹化工技术有限公司建成省级重点实验室。2015年，格林美（江苏）钴业股份有限公司建成省级工程技术研究中心。

2009年江苏中丹化工技术有限公司、2014年江苏广域化学有限公司、2015年江苏凯力克钴业股份有限公司和泰兴金江化学工业有限公司等，先后建成省级工程中心。

2001年江苏中丹化工技术有限公司、2008年泰兴市锦鸡染料有限公司、2012年泰兴汤臣压克力有限公司、2013年江苏常隆农化有限公司、2015年泰州百力化学股份有限公司等，先后建成省级技术中心。

市级　2008年泰兴市锦鸡染料有限公司、2009年泰兴汤臣压克力有限公司、2011年泰州百力化学有限公司、2012年江苏广域化学有限公司、2013年泰州市正大化工有限公司、2014年泰兴金江化学工业有限公司、2016年爱森（中国）絮凝剂有限公司、江苏中丹化工技术有限公司、泰兴冶炼厂有限公司等，先后建成市级工程中心。

2000年江苏中丹化工技术有限公司和泰兴市锦鸡染料有限公司、2009年泰兴汤臣压克力有限公司、2013年泰兴金江化学工业有限公司、2014年泰州百力化学股份有限公司和泰州市正大化工有限公司、2016年江苏凯力克钴业股份有限公司等，先后建成市级企业技术中心。

孵化基地

至2021年，区（镇）先后与中石化联合会、江苏省化工学会等国内知名高校院所共建离岸孵化基地9个，分别为北京矿冶研究总院、大连理工大学精细化工国家重点实验室、华东理工大学科学技术发展研究院、华东理工大学商学院、江苏省化学化工学会、南京大学环境学院、天津大学环境科学与工程学院、中国科学院高能物理研究所、中国石油与化学工业联合会化工园区工作委员会。有离岸孵化新增在孵项目40个、落地项目18个。

产学研联合

1994年起，区（镇）加强和大专院校、科研单位有关精细化工产业的产学研联合。规定凡大专院校、科研单位进区研制新产品、推广新技术，产品经鉴定批准后，除享受正常的优惠外，新产品与新技术开发费用计入成本。在特殊优惠政策区内投资开业的企业，5年内税费征收实行特殊优惠政策，5—10年内继续实行优惠政策。市财税部门对外商投资企业利润分成，实行“上不封顶、下要保底”政策（按银行同期利率计息）。

表 3

2021 年滨江镇精细化工产业离岸孵化新增落地项目一览表

序号	项目名称	技术领域	注册时间	项目负责人
1	喷烘工艺清洁能源项目	供热	1999.01	王国民
2	高档商品活性染料项目	印染	1999.01	王国民
3	橡塑绝缘热隔音材料	建筑楼地面隔声	2002.05	秦天德
4	（MMDS）项目	喷干工艺升级	2003.01	郭正祥
5	喷干工段项目	焦油焚烧	2003.01	丁光荣
6	反应挤出合成高性能聚甲基丙烯酸甲酯及其共聚物	高分子材料	2003.05	汤宏强
7	高活性球形四氧化三钴绿色制造系统集成项目	新能源与节能	2003.12	张爱青
8	高档活性染料项目	染料生产	2003.12	陈庆林
9	靛蓝商品化加工项目	染料生产	2003.12	陈庆林
10	电积钴项目	冶金	2003.12	张爱青
11	高耐晒牢度、高耐气候牢度高性能有机颜料生产装置及其颜料中间体生产线建设项目	高性能有机颜料	2006.12	孙泓浩
12	蒽醌类高性能有机颜料及危险废物焚烧装置建设项目	装置性能	2006.12	孙泓浩
13	氢氧化钾生产电解槽零极距节能项目	精细化工	2008.01	肖道兵
14	苯酐项目余热发电并网工程	余热发电	2008.05	李赐龙
15	大豆油储罐配套氮封系统建设项目	油脂化工	2009.07	丁数豪
16	常压酯化制备脂肪酸甲酯项目	油脂化工	2010.12	刘延风
17	冷能利用项目	能源利用	2011.1	王尚林
18	氟化钾及甲烷二磺酸亚甲酯	锂电池电解液添加剂	2015.03	许金来

表 4

2021 年滨江镇精细化工产业产学研联合体一览表

序号	项目名称	企业名称	技术支撑单位
1	功能化表面活性剂绿色制备及产业化示范	泰州市正大化工有限公司	江南大学
2	爱森（中国）絮凝剂有限公司研发中心	爱森（中国）絮凝剂有限公司	南京农业大学、温州大学
3	新能源材料联合实验室院士工作站	江苏凯力克钴业股份有限公司	南京航空航天大学高新技术研究院
4	新能源材料联合实验室合作协议	江苏凯力克钴业股份有限公司	南京航空航天大学高新技术研究院

续表

序号	项目名称	企业名称	技术支撑单位
5	锂电池正极材料LiNi1-y-zCoyALz02的关键技术研究	江苏凯力克钴业股份有限公司	南京航空航天大学
6	密闭电解槽进行电钴开发	江苏凯力克钴业股份有限公司	北京矿冶研究总院
7	江苏联异化学有限公司研发中心	江苏联异化学有限公司	四川大学华西药学院
8	精细化工协同创新服务示范基地	开发区管委会	江苏省化学化工学会、泰州市科协
9	提高活性黄M-3RE收率和应用性能	泰兴锦云染料有限公司	中国科学院南京土壤研究所
10	南通大学教学实践基地	泰兴市锦鸡染料有限公司	南通大学
11	通过催化剂的选型提高乌尔曼缩合反应转化率	泰兴市臻庆化工有限公司	武汉理工大学
12	实习基地	泰兴市申龙化工有限公司	大连理工大学
13	高速铁路用压克力声屏产品工程技术研究中心	泰兴市汤臣压克力厂	江苏大学
14	江南大学沃特尔化工产学研	泰兴市沃特尔化工有限公司	江南大学
15	高分子材料中间体、医药中间体、第10代液晶显示器光引发剂等产品的合作研发	泰兴市先先化工有限公司	湖南大学
16	江苏省高性能压克力及回收利用工程技术研究中心	泰兴汤臣压克力有限公司	中国科学院上海高等研究院
17	泰兴冶炼铜化合物研发工程中心	泰兴冶炼厂有限公司	合肥工业大学化工学院
18	有机玻璃产学研项目	泰兴汤臣压克力有限公司	清华大学工程物理系
19	阻燃剂开发与应用研究项目	泰州百力化学股份有限公司	北京工商大学
20	八氯苯乙烯半抗原、人工抗原和抗体的合成方法	泰兴先先化工有限公司	湖南大学
21	泰州市制冷新材料工程技术研究中心	泰兴市梅兰化工有限公司	江苏大学
22	反应挤出合成高性能共聚物泰兴	泰兴市汤臣压克力有限公司	华东理工大学
23	抗菌防藻有机玻璃的研制	泰兴市汤臣压克力有限公司	华东理工大学
24	江门中微子实验JUNO中心探测器有机玻璃球制造项目	泰兴汤臣压克力有限公司	中科院高能物理研究所
25	新型锂电池电解液添加剂甲烷二磺酸亚甲酯的制备	长园华盛（泰兴）锂电材料	南京大学
26	废水工艺小试实验及废水设计方案编制项目	泰州百力化学股份有限公司	江苏南大环保科技有限公司
27	格式反应及加氢工艺反应量热及工艺安全热风险评估	泰州百力化学股份有限公司	南京理工大学
28	降解保鲜膜材料	泰兴市沃特尔化工有限公司	华东理工大学
29	高纯速溶性活性氧化铜研发	泰兴冶炼厂有限公司	合肥工业大学

发明专利

2007年起，区（镇）集成政策、资源、载体为一体，不断完善出台相关科技创新奖励办法，鼓励引导精细化工产业企业加大研发创新投入，促进企业大力开发新产品，形成从研发到成果转化、投入商用的一体化创新体系，推动科技与产业深度融合。2021年，滨江镇精细化工产业有效发明专利72项。

表5

2021年滨江镇精细化工产业有效发明专利一览表

序号	专利号	专利名称	专利权人
1	2015102257166	一种送料绞龙	爱森（中国）絮凝剂有限公司
2	2015102257185	一种聚丙烯酰胺干燥器	爱森（中国）絮凝剂有限公司
3	2015104402323	一种聚丙烯酰胺生产线	爱森（中国）絮凝剂有限公司
4	2009103034649	一种双环己烷类液晶单体的制备方法	江苏广域化学有限公司
5	2010102898321	有机分子中顺式取代环己基转化为反式取代环己基的方法	江苏广域化学有限公司
6	2015100626058	一种污水处理设备及工艺	江苏广域化学有限公司
7	2009102641945	钴酸锂的生产方法	江苏凯力克钴业股份有限公司
8	2010101529029	一种碳酸钴的生产方法	江苏凯力克钴业股份有限公司
9	2010101531546	四氧化三钴的生产方法	江苏凯力克钴业股份有限公司
10	2010101830745	钴溶液的提纯方法	江苏凯力克钴业股份有限公司
11	201010266543X	电积钴的生产方法	江苏凯力克钴业股份有限公司

续表

序号	专利号	专利名称	专利权人
12	2012102496680	一种溶液的精密过滤装置	江苏凯力克钴业股份有限公司
13	2013101843058	锂电池材料用前驱体反应工序浓缩控制方法	江苏凯力克钴业股份有限公司
14	2015104068671	一种液相合成制备纯相四氧化三钴的生产方法	江苏凯力克钴业股份有限公司
15	201310374142X	一种连续除水的酰胺产品生产方法	江苏磐希化工有限公司
16	2013103741434	一种芳基羧酸胺化制备芳基酰胺的方法	江苏磐希化工有限公司
17	2010101643255	有机玻璃在线双面自动测厚装置	江苏汤臣新材料科技有限公司
18	2013102073854	一种有机玻璃垂直浇注装置及其浇注方法	江苏汤臣新材料科技有限公司
19	2016106421766	一种超轻压克力太阳能板及其制备方法	江苏汤臣新材料科技有限公司
20	2012105205140	一种高效灰水分散剂	江苏天脉化工有限公司
21	2013103227760	一种2-环戊基氨基乙醇的制备方法	江苏万盛大伟化学有限公司
22	2008100243281	一种硝基苯醚类化合物的合成方法	江苏中丹化工技术有限公司
23	2011100605975	一种制备2-芳基-2,2-二甲基乙酸甲酯的方法	江苏中丹化工技术有限公司
24	2011100695435	一种间苯二酚中和反应工段的反应装置及其反应工艺	江苏中丹化工技术有限公司
25	2011100695774	一种间苯二酚碱熔工段反应装置及其反应工艺	江苏中丹化工技术有限公司
26	2011100697036	一种间苯二酚碱熔工段反应装置及其反应工艺	江苏中丹化工技术有限公司
27	2011100711495	一种气相磺化法生产间苯二磺酸的生产工艺	江苏中丹化工技术有限公司
28	2012103173959	一种连续化制备间苯二磺酸的装置	江苏中丹化工技术有限公司
29	2010101488353	一种连续反应精馏制备PMA的生产方法	泰兴金江化学工业有限公司
30	2012101696730	一种醋酸乙酯节能提产的生产方法	泰兴金江化学工业有限公司
31	2012101981157	一种制备醋酸甲酯和醋酸丁酯的耦合生产工艺	泰兴金江化学工业有限公司
32	2014107068791	一种分析醋酸中芳烃痕量的检测方法	泰兴金江化学工业有限公司
33	2008101553162	一种染料中间体H酸的制备方法	泰兴锦汇化工有限公司
34	2009102346179	一种由萘合成染料中间体H酸的方法	泰兴锦汇化工有限公司

续表

序号	专利号	专利名称	专利权人
35	2014102714576	一种染料中间体H酸生产废水的处理方法	泰兴锦汇化工有限公司
36	1190563	一种橙色活性偶氮染料及其制备	泰兴锦云染料有限公司
37	200910026705X	一种活性嫩黄染料及其合成工艺	泰兴锦云染料有限公司
38	2011104453651	活性嫩黄LA及其制备工艺	泰兴锦云染料有限公司
39	2011104458068	活性深蓝LA及其制备工艺	泰兴锦云染料有限公司
40	2014105615322	一种高水洗牢度的反应性黄色染料及其制备方法	泰兴锦云染料有限公司
41	2014105622595	兼有高水洗牢度和耐摩擦牢度反应性红色染料及制备方法	泰兴锦云染料有限公司
42	2014108267222	一种新型反应性蓝色染料及其制备方法	泰兴锦云染料有限公司
43	2014108301577	一种新型特深反应性橙色或黄色染料及其制备方法	泰兴锦云染料有限公司
44	2009102365771	含α-重氮-1,3-二酮结构的感光高分子印刷平版用感光成像液	泰兴市东方实业公司
45	2009102365790	巴比妥酸类化合物作为添加剂的热敏CTP感热成像液	泰兴市东方实业公司
46	2009102365803	连苯三酚缩丙酮树脂的活性醚化物作为阻溶剂的热敏CTP感热成像液	泰兴市东方实业公司
47	2009102365818	连苯三酚与二乙烯基苯缩聚树脂的活性醚化物作为阻溶剂的热敏CTP感热成像液	泰兴市东方实业公司
48	2009102365822	含鲁米诺类化合物作为添加剂的热敏CTP感热成像液	泰兴市东方实业公司
49	2009102424661	高感度连苯三酚缩丙酮树脂活性醚化物的阳图热敏CTP版材及其制备方法	泰兴市东方实业公司
50	2009102424712	高感度羧基酚醛树脂活性脂及醚化物的阳图热敏CTP版材及其制备方法	泰兴市东方实业公司
51	2010105394571	阳图热敏CTP版显影剂	泰兴市东方实业公司
52	2008100344352	中空颗粒状吩噻嗪物质及其制备方法	泰兴市富安化工有限公司

续表

序号	专利号	专利名称	专利权人
53	2013100353653	一种改性羟基丙烯酸酯乳液及其制备方法	泰兴市华盛银洋新材料科技有限公司
54	2014107084898	一种水性聚氨酯皮革涂饰剂及其制备方法	泰兴市华盛银洋新材料科技有限公司
55	2014107506940	一种户内物理消光型饱和聚酯树脂及其制备方法及涂料	泰兴市华盛银洋新材料科技有限公司
56	2010102602163	一种壬基酚的生产方法	泰兴市凌飞化学科技有限公司
57	2014106815203	高纯度甲基丙烯醇聚氧乙烯醚的合成方法	泰兴市凌飞化学科技有限公司
58	2014106816441	一种提高壬基酚聚氧乙烯醚磷酸酯中单酯含量的方法	泰兴市凌飞化学科技有限公司
59	2008101201708	光催化制备二氟一氯乙烷的方法及设备	泰兴市梅兰化工有限公司
60	2014101307892	一种具有两套氧化一套精制的节能丙烯酸制备系统及其方法	泰兴市裕廊化工有限公司
61	2014101307905	一种高收率冰晶级丙烯酸的制备方法	泰兴市裕廊化工有限公司
62	2008100333362	阻燃型隔音板及其制备方法	泰兴汤臣压克力有限公司
63	2010101217898	一种自动分玻装置	泰兴汤臣压克力有限公司
64	2010101219770	废有机玻璃连续裂解装置	泰兴汤臣压克力有限公司
65	2010101219874	一种自动开玻装置	泰兴汤臣压克力有限公司
66	2010101220119	一种自动合玻装置	泰兴汤臣压克力有限公司
67	2014107803735	一种萘法苯酐废水回收富马酸的前处理方法	泰兴协联众达化学有限公司
68	2012105590330	一种采用复式离心薄膜蒸发器制备高纯碱式碳酸铜的方法	泰兴冶炼厂有限公司
69	201010582753X	一种制备烷基酚聚醚硫酸酯盐的方法	泰州市正大化工有限公司
70	2014107869874	一种石头纸专用轻质微球及其制备方法	泰州市正大化工有限公司
71	2007100253787	一种α-乙酰基-γ-丁内酯的制备方法	泰州延龄精细化工有限公司
72	201110258173X	采用回转窑制备四氟化硅的方法	新浦化学（泰兴）有限公司

新浦化学（泰兴）有限公司（2021年）　滨江镇/供图

6 智能制造

江苏省泰兴经济开发区智能制造业门类众多，其中医药、农药和空调制造工艺先进，技术发达。2003年，江苏常隆农化有限公司的“天宁”牌农药商标被认定为江苏省著名商标。2009年，江苏济川药业集团有限公司被授予中国医药质量管理“20年20星企业明星”“中国制药工业十佳最具潜力企业”等称号。江苏兆胜空调有限公司为中国电科第38研究所3000千瓦、1500千瓦液冷系统、346雷达、法国玛斯特雷达球载雷达等项目提供特种空调和冷却装置；为挪威、德国、日本等国外同行进行贴牌生产，部分产品随船或直接出口至全球31个国家和地区。

药品及医疗器械制造

产业规模

1967年，境域创办泰兴县城西公社兽药厂，从事兽药分装生产。1973年，易名城西制药厂，转产生产人用药，主要产品有强的松片、葡萄糖水及安乃近针剂等。1980年，改为国营泰兴县制药厂，性质为县办集体，2001年，改制为民营企业，成立江苏济川药业集团有限公司。

1994年，泰兴市扬子医药化工厂作为首个医药农药产业入驻江苏省泰兴经济开发区。2004年7月，由江苏中丹集团投资1亿元创办的江苏中丹制药有限公司，通过国家药品食品监督管理局国家级GMP认证。

2006年，区（镇）医药制造产业实现产值7.8亿元，销售6.6亿元，利税1.3亿元。

至2021年，江苏省泰兴经济开发区医药产业园划定占地范围3.34平方千米。围绕建设济川健康特色小镇，打造延陵养身福地的产业定位，推动济川健康产业小镇建设，放大济川药业品牌优势，重点以江苏济川药业集团有限公司、泰兴市扬子医药化工有限公司、丰益春之谷生物科技（江苏）有限公司、泰兴市康鹏专用化学品有限公司、江苏科鼐生物制品有限公司、江苏博瑞生物医药有限公司等药品及医疗器械制造企业为基础，形成化学合成制药、中成药制药、生物制药、高新特种药、健康保健品、医疗器械和科技研发7个片区。是年，开发区医药制造规模以上企业16家，在册人数1.03万人，实现国税开票销售收入103.3亿元。

重点企业

江苏济川药业集团有限公司　公司前身为国营泰兴制药厂，拥有以儿科、妇科、呼吸科、消化科、老年病科五大领域为主的中西组合药品，以蒲地蓝牙膏为重点的中药日化系列产品，以及以五仙草为主推的中药组合保健产品，是一家集中西医药、中药药妆、中药保健产业、专事产品研发、生产制造、商业流通为一体的国家级高新技术企业集团。

2003年，公司的溶液车间5个剂型通过国家GMPC（药品生产质量管理）认证验

蒲地蓝口服液生产线（2021年）　余宁台/摄

江苏科鼐生物制品有限公司（2021年）　邵奇青/摄

博瑞生物医药泰兴市有限公司（2021年）　邵奇青/摄

丰益春之谷生物科技（江苏）有限公司（2021年）

邵奇青/摄

收，10个剂型通过国家GMPC认证。公司被认定为国家级高新技术企业、中国医药百强企业，跻身全国制药工业百强企业第97位。2007年，全国最大的医药制剂综合楼在江苏济川药业集团有限公司开工，工程建筑面积4万平方米，设立大输液、冻干粉针、头孢粉针、固体制剂、口服液等11个车间。2008年，公司有46个医药品种列入国家医保目录。儿科系列有8个品种上市，成为全国儿科品种、剂型最多的生产厂家之一。2013年，公司在上海证券交易所上市（代码600566），公司总投资6.5亿元的原料药、中药提取项目开工。2014年，公司收购上市公司陕西东科制药100%股权。至2021年，公司占地1648亩，员工总数9000余人，总资产80亿元。是年，公司实现国税开票销售收入58.3亿元，工商税收9.5亿元。

公司被认定为国家高新技术企业、国家火炬计划泰州医药产业基地骨干企业、江苏省高新技术企业、全国重合同守信用企业、中国企业形象管理典范单位，位列工信部2019年度中国医药工业百强企业第34位，全国最具竞争力医药上市公司20强第5位，先后获“江苏省最具竞争力优秀品牌企业”“江苏省医药行业十佳优秀品牌企业”“江苏省民营企业纳税大户”等称号。

泰兴市扬子医药化工有限公司 公司成立于1994年，2013年和法国Novacap公司合作。公司注册资本36.5万美元（Novacap控股75.8%），总资产3.96亿元。公司占地86亩，员工380人。拥有年产3.5万吨对氨基苯酚的生产能力，是世界第二大对

开发区一角夜景（2020年）　　滨江镇/供图

氨基苯酚生产商，出口量全球第一。对氨基苯酚80%不仅用于解热镇痛药，还作为治疗结肠炎、肺癌、肾癌的药物。2009年，公司通过ISO9001:2008国际质量体系认证。2017年通过ISO14001:2015环境管理体系认证、QHSAS:180001职业健康安全管理体系认证。公司建有江苏省认定的企业技术中心。2021年，公司实现国税开票销售收入16.2亿元，工商税收1.6亿元。

丰益春之谷生物科技（江苏）有限公司　公司成立于1997年，原隶属于光明热电集团，2011年由益海嘉里控股60%，并入益海嘉里集团。公司主要从事生物制品技术的研发，委托生产天然VE胶丸，生产天然维生素E、植物甾醇，生产脂肪酸甲酯。其系列产品广泛应用于保健品及化妆品行业。公司占地3.33公顷，员工226人，注册资本2040万美元。2021年，公司实现国税开票销售收入1.84亿元，工商税收764万元。

泰兴市康鹏专用化学品有限公司　公司成立于2000年11月，注册资金1118万元，公司总部为上海康鹏科技有限公司。公司占地3公顷，职工160人，其中工程技术人员50人。公司为国内为数不多的以创新型高级含氟中间体为主要业务，并具有国际竞争力的专用化学品企业，研发的项目多来自于全球最新的科技前沿。该公司为泰兴市成长型企业，是第一批江苏省安全标准化二级企业，江苏省两化融合试点企业，通过质量（ISO9001:2015）、安全（OHSAS18001:2007）、环境（ISO14001:2015）三证体系认证。2021

年，公司实现国税开票销售收入9614万元，工商税收808万元。

江苏科鼐生物制品有限公司　公司成立于2013年12月，占地9.33公顷，员工135人，注册资本2.54亿元。公司先后投资4.2亿元，建成生产线、配套建设消防泵房及控制系统、报警系统、污水处理站、空压机房、真空系统、空气净化系统、净化水系统、危化品仓库等设施。公司专业从事天然VE、植物甾醇系列产品的研发、制造，主要产品有植物甾醇、天然维生素E系列产品（混合生育酚50%、90%；高α生育酚1000–1490IU、高α醋酸酯生育酚1000–13601U、高a琥珀酸酯1210/1185IU）等。生产的产品除25%应用于国内市场外，其余约有30%应用于欧洲，30%应用于北美、15%应用于其他亚洲客户。公司具有完备的质量保证体系，完全按照GMP规范进行管理和控制，产品符合美国、欧盟以及国内相关法规标准的要求。公司拥有符合GMP标准的现代化厂房，并采用先进的生产工艺，确保能够提供高纯度且质量稳定的产品。2021年，公司实现国税开票销售收入2.2亿元，工商税收161万元。

博瑞生物医药泰兴市有限公司　公司前身为森然化工有限公司，2010年为苏州博瑞集团全资收购。注册资本5500万元，占地2公顷，员工222人，拥有研发中心、中试基地、标准生产厂房。公司主要致力于高附加值原料类和医药中间体的技术研究、生产，经营范围包括生物原料药（纽莫康定、阿卡波糖、万古霉素、埃坡霉素、达托霉素、腺苷蛋氨酸、子囊霉素）、3–甲氧基苯甲腈、3–甲基–4–硝基苯甲酸，TFT–LCD液晶制造、销售，化学产品研究、开发（不含加工），化学技术开发、技术服务等，公司先后通过欧盟GMP官方审计、日本GMP官方审计、美国FDA官方审计及ISO环境体系三级安全标准化认证等。公司重视新产品的开发和技术创新，打造原料药的新品孵化、对外合作和协作平台，助力集团新品上市。2012年，公司启动生物发酵项目，按照GMP制药标准设计新建高标准车间，配套建筑技术和分析中心、仓库、污水处理中心，厂区建筑更新率超过70%，拥有全自动生产控制系统、洁净空气处理系统、陶瓷膜超滤和高分子纳滤系统、DAC工业制备色谱系统、冻干系统、薄膜蒸发系统等装置。公司具有全合成、发酵工艺研究和应用、发酵半合成、药物提取与分离纯化的生产能力。公司先后获劳动保障诚信企业、泰州市工程技术研究中心等称号，获多项江苏省高新技术产品认定，国家发明专利授权。2021年，公司实现国税开票销售收入3.52亿元，工商税收1161万元。

表 6

2021 年滨江镇医药制造主要产品一览表

序号	主要产品（系列）	所属企业（公司）	备　注
1	小儿豉翘清热颗粒、蒲地蓝口服液、蒲地蓝牙膏、同贝、健胃消食口服液	江苏济川药业集团有限公司	小儿豉翘清热颗粒药品获“国家发明专利”“第六届国际发明展览会金奖”，蒲地蓝口服液、同贝、健胃消食口服液等5个品种为国内独家剂型
2	氨基苯酚	泰兴市扬子医药化工有限公司	通过EDQM（欧洲药品质量管理局）审计
3	天然VE、植物甾醇和脂肪酸甲酯等	丰益春之谷生物科技（江苏）有限公司	—
4	含氟电子化学品及含氟医药中间体	泰兴市康鹏专用化学品有限公司	通过质量（ISO9001:2015）、安全（OHSAS 18001:2007）、环境（ISO 14001:2015）三证体系认证
5	天然VE、植物甾醇系列产品	江苏科鼐生物制品有限公司	通过ISO9001、ISO22000、FAMI-QS、Kosher、Halal和Intertek GMP管理体系认证
6	抗病毒、抗肿瘤、心脑血管等新药中间体	博瑞生物医药泰兴市有限公司	国家高新技术企业、江苏省民营科技企业

农药制造

产业规模

开发区（滨江镇）的农药制造产业的兴起和发展，脱胎于境域20世纪50—70年代传统低端的“土农药”的生产，依托于江苏省泰兴经济开发区的建设和崛起。

2007年，开发区引进年产4万吨农药及中间体项目，由中国农药十强企业江苏常隆农化有限公司投资8.08亿元兴建。2010年，中丹集团投资1.1亿元的新型农药原药中间体开工建设。2011年8月，中丹集团与日本CBC集团在东京签订合资合作协议，项目一期投资2770万美元，打造符合欧美和中国GMP规范的高端中间体及原料药生产基地。

至2021年，开发区（滨江镇）农药产业有泰兴市富安化工有限公司、泰州百力化学股份有限公司、江苏扬农化工集团泰兴药化有限公司、泰兴市沃特尔化工有限公司、泰州延龄精细化工有限公司、泰兴市远大化工有限公司、江苏中丹集团股份有限公司等规模企业。

重点企业

江苏常隆农化有限公司　公司成立于2009年，注册资本3.58亿元，占地35.46公顷。是专业从事农药、光气产品研究、开发的生产企业。公司坚持发展高效、低毒、低残留的环境友好型农药产品及光气高端精细化学品，拥有杀虫剂、除草剂、杀菌剂系列40余种原药的生产能力。公司有员工828人，其中本科以上学历120多人，占比15%；从事产品研究开发人员58人，博士5人，硕士32人，历年科技研发投入7000万元左右，占销售收入3.5%。2013年，公司被认定为省级技术中心。2021年，公司实现国税开票销售收入19.1亿元，工商税收5792万元。

泰兴市沃特尔化工有限公司　公司成立于1994年11月，位于江苏省泰兴经济开发区滨江南路16号，公司占地1.87公顷，注册资本1000万元，员工92人，其中技术人员28人。公司生产的间羟基苯甲酸产品主要用于农药、医药中间体；羟基乙酸产品是公司国内首创科技产品，属国家星火计划开发项

江苏常隆农化有限公司（2021年）
邵奇青/摄

江苏中丹集团股份有限公司（2021年）
邵奇青/摄

目，是生物降解清洗剂、化妆品、医药中间体的主要原料。公司主要产能为年产3000吨间羟基苯甲酸，副产3600吨亚硫酸钠、9705吨硫酸钠、7470吨/年硫酸钙，年产1万吨羟基乙酸、300吨羟基乙酸甲酯、300吨羟基乙酸乙酯、500吨羟基乙酸丁酯、50吨3.5-二羟基苯甲酸甲酯、200吨间羟基苯甲酸甲酯、550吨羟基乙酸钠、80吨包装袋塑料造粒。2021年，公司实现国税开票销售收入5900万元，工商税收169万元。

泰州百力化学股份有限公司　该公司成立于2004年2月，由江苏苏利精细化工股份有限公司和意大利OXON公司共同投资，注册资本1.88亿元。员工491人，其中中高级工程师7人、硕士4人，本科63人，大专134人。公司主要产品有嘧菌酯、霜脲氰、十溴二苯乙烷等，广泛应用于农业生产、塑料和建材行业等领域，是中国阻燃协会会员单位和中国农药协会会员单位。2021年，被江苏省科技厅、江苏省财政厅、国家税务总局江苏省税务局联合认定为江苏省高新技术企业。公司技术中心成为泰州市阻燃材料工程技术中心。先后通过ISO9001、ISO14001、OHSAS18001国际管理体系认证及清洁生产审核、安全标准化二级验收。2021年，公司实现国税开票销售收入15.85亿元，工商税收3826万元。

江苏中丹集团股份有限公司　企业主要从事农药及中间体、医药及中间体、饲料添加剂、染料中间体、新材料、日用化学品等研发、制造。集团泰兴地区占地面积33.8公顷、建筑面积10.41万平方米，有职工1500人，其中技术人员303人，资产总额36亿元。2021年，公司实现开票销售收入42.9亿元、工商税收8878万元。

表7

2021年滨江镇农药制造主要产品一览表

序号	产品名称	所属企业（公司）	备注
1	农药原药、农药制剂及副产品氢氧化钠、磷酸生产，十八酰氯、盐酸生产等	江苏常隆农化有限公司	科技部认定的“国家火炬计划重点高新技术企业”“国家高新技术研究与发展计划成果产业化基地”
2	间羟基苯甲酸、亚硫酸钠、硫酸钠、硫酸钙、羟基乙酸、羟基乙酸甲酯、羟基乙酸乙酯、羟基乙酸丁酯、3.5-二羟基苯甲酸甲酯、羟基苯甲酸甲酯、羟基乙酸钠	泰兴市沃特尔化工有限公司	羟基乙酸为国家星火计划开发项目
3	农药、阻燃剂及其他精细化工产品的研发、生产	泰州百力化学股份有限公司	通过ISO 9001、ISO 14001、OHSAS 18001国际管理体系认证

空调制造

产业规模

江苏省泰兴经济开发区内设有高端装备制造产业园，至2021年，开发区高端装备制造产业园划定占地范围约4.04平方千米。产业园依托江苏兆胜空调有限公司等重点企业和产品，加大高端化工装备制造龙头型企业的招引建设，打造为园区及周边石化产业服务的装备服务平台，建成保障有力、安全可靠的维保体系。是年，以空调制造为龙头的高端装备制造产业园国税开票销售收入突破10亿元。

兆胜集团生产车间（2020年）　　滨江镇/供图

重点企业

江苏兆胜空调有限公司　公司成立于1985年，主要从事舰船用空调、冷水机组、冷藏、超低硫燃油冷却装置、方舱空调、液（风）冷源装置、电子机柜冷却装置、恒温恒湿机、除湿机、医疗洁净空调、低噪声通风机、橡塑保温材料、模块、螺旋风管、防火风闸、通风附件、空（氢）/水冷却器等产品的设计、开发、生产和服务，并承担冷暖、通风系统工程的设计和安装，是中国最大的舰船用制冷系统供应商。占地26.67公顷，员工465人，注册资本1.28亿元。公司贯彻实施GB/T 9001-2016及GJB 9001C-2017质量管理体系，自主设计，构建智能化检测试验平台，对出厂设备进行测试。为国内外300多家造（修）船厂、海洋石油、中国海事、海监、渔政、海洋救助、打捞、航道、海关、中远、中海、中外运、南京油运等用户提供配套产品。公司拥有一批专业管理人才和技术人才，占职工人数的30%以上。在泰兴总部、上海、南京及新加坡等地设有研发机构，与海军装备研究院、南京航空航天大学、南京理工大学、江苏科技大学、浙江大学、中船711所、704所等科研院校建立广泛的合作关系，聘请国内知名制冷专家、流体力学专家、教授等担任顾问。2010年，公司与江苏科技大学合作成立江苏省船舶与海洋空调冷冻工程技术研究中心、企业研究生工作站。2011年，与东南大学合作开发的超低硫油冷却系统装置通过江苏省国防科工办企业的科技成果鉴定，填补国内市场空白。投资150万元建立个性化专利数据库。有授权专利119项，其中发明专利21项、实用新型98项。2021年，公司实现国税开票销售收入22.9亿元，工商税收1.35亿元。

泰兴市丰盛空调设备有限公司　公司成立于2019年7月，为一家专业从事空调设备生产、销售、机电设备安装销售等业务的公司。公司通过CCS船级认证，产品广泛应用于货船、客船、工程船和海洋石油平台，产品可提供中国船级社、法国船级社、英国劳氏船级社、德国船级社、美国船级社等各国船级认证。公司的主要经营项目有船用空调、船用冷藏，通风系统设计施工、冷库工程设计施工、船用压缩冷凝机组、船用风机盘管，以及船用分体空调、船用防爆空调、船用中央空调、船用柜式空调和船用冷水机组、船用空调器等。2021年，公司实现国税开票销售收入13亿元，工商税收0.75亿元。

2001年以来，开发区（滨江镇）及医药、农药和空调制造企业坚持以科技创新推动高质量发展，先后成立省、泰州市级企业技术中心、实验室、工程中心、研究生工作站、院士工作站等，从事新产品的研发、推广、应用和规模化生产。

省级及以上科研机构

2001年、2010年、2009年、2013年、2016年，江苏中丹化工技术有限公司先后建成省级企业技术中心、省级重点实验室、省级工程中心、省级研究生工作站、省级院士工作站。

2005年、2007年、2011年，江苏济川药业集团有限公司先后建成国家级博士后科研工作站、省级企业技术中心、省级工程中心。

2010年、2015年，江苏兆胜空调有限公司先后建成省级工程中心、省级技术中心。

2014年，江苏广域化学有限公司建成省级工程中心。

2013年，泰兴市扬子医药化工有限公司、江苏常隆农化有限公司，2015年，泰州百力化学股份有限公司等，先后建成省级技术中心。

泰州市级科研机构

2008年、2014年，江苏济川药业集团有限公司先后建成泰州市级重点实验室、泰州市级工程中心。

2000年江苏中丹化工技术有限公司、2000年江苏济川制药有限公司、2000年泰兴市医药化工厂、2003年泰兴市扬子医药化工有限公司、2008年江苏春之谷生物制品有限公司、2011年江苏兆胜空调有限公司、2012年江苏常隆农化有限公司、2014年泰州百力化学股份有限公司等，先后建成市级企业技术中心。

2011年泰州百力化学有限公司、2012年江苏广域化学有限公司、2013年泰兴市环境保护设备厂、2014年博瑞生物医药泰兴市有限公司、2016年江苏中丹化工技术有限公司等，先后建成市级工程中心。

全球合作

开发区（滨江镇）的精细化工产业始终立足中国、放眼全球，主动对接世界500强企业，积极开展多层次、多角度的技术、产能合作，不断壮大自身的产业发展。至2021年，区（镇）精细化工产业和世界500强企业合作项目11项。

表8

2021年滨江镇精细化工产业与世界500强企业合作项目一览表

序号	企业名称	投资企业名称	合作项目名称	投资总额（亿元）	其中：外资或港澳台资（万美元）
1	泰州联成化学工业有限公司	台湾联华神通集团MiTAC -Synnex Group of Taiwan	14万吨苯酐、6000万吨富马酸、24万吨增塑剂	—	9998
2	明发国际油脂化工（泰兴）有限公司	英国来宝集团Nobel Group of U.K.	3.56万吨一级豆油/2.95万吨四级菜油/1100吨14度棕榈油/7900吨28度棕榈油/1.59万吨18度棕榈油/670吨12度棕榈油	—	2900
3	泰兴市振华油脂有限公司	美国邦基集团Bunge Group of the U.S.A	豆油254519吨，豆粕131.78万吨	10.00	—
4	沙桐（泰兴）化学有限公司	沙钢集团ShagangGroup	10万吨粗苯精制产品	—	9980
5	泰兴市昇科化工有限公司	法国阿科玛公司Arkema of France	48万吨丙烯酸、10万吨丙烯酸丁酯	18.00	—
6	阿克苏·诺贝尔氯乙酸化工（泰兴）有限公司	荷兰阿克苏诺贝尔Akzo Nobelof Netherlands	6万吨氯乙酸、盐酸、次氯酸钠	—	4160
7	泰兴西碧化学有限公司	日本伊藤忠株式会社C.Itoh& Co., Ltd.Of Japan	金属脱脂剂，金属清洗剂，磷化皮膜剂，磷化表面调整剂，金属防锈剂，光学清洗剂	—	—
8	泰兴苏伊士废料处理有限公司	法国苏伊士环境集团SuezEnvironnement	年处理3万吨固体废物综合处理工程项目	3.60	—
9	索尔维生物化学（泰兴）有限公司	比利时索尔维公司Solvay of Belgium	年产10万吨环氧氯丙烷项目	—	22857
10	森田新能源材料（泰兴）有限公司	日本住友化学Sumitomo Chemical	年产1万吨六氟磷酸锂项目	—	15000
11	欧德油储（泰兴）仓储有限公司	德国马卡德集团Marquard &BahlsAG	码头及化工品仓储	—	15000

百年辉煌 青春颂歌（新浦）

企业选介

新浦化学（泰兴）有限公司　1995年12月成立，为新加坡新浦化学私营有限公司全资子公司，投资总额约7.8亿美元，为拥有世界一流生产工艺和设备的高新化工企业。公司主要生产与经营离子膜烧碱、液氯、高纯盐酸、硝基苯、苯胺、对硝基氯化苯、邻硝基氯化苯等化工原料，经过多年扩建和发展，年产能离子膜烧碱75万吨、氯乙烯50万吨、苯乙烯32万吨、硝基苯18.5万吨和苯胺13万吨。2016年，总投资55亿元的轻烃项目年产乙烯65万吨。至2021年，企业完成总投资7.11亿美元，实现国税开票销售收入105亿元，工商税收收入11.3亿元。

爱森（中国）絮凝剂有限公司　1998年6月成立，占地33.33公顷，投资总额4.02亿美元，为法国化工企业爱森集团（SNF）在华的全资子公司，是中国最大的絮凝剂生产商，2016年被认定为地区总部，产品广泛应用于污水处理、油田、选矿、造纸等行业。2021年，实现国税开票销售收入46.6亿元，工商税收6841万元。

泰兴市昇科化工有限公司　2013年8月泰兴市裕廊化工有限公司成立。2014年1月，与法国阿科玛投资公司共同出资39亿元，重新组建为中外合资泰兴市昇科化工有限公司，2019年10月，阿科玛完成对其的股权收购，成为泰兴昇科的唯一股东。公司总占地面积为22公顷，是国内丙烯酸及酯系列产品的主要生产厂商之一。公司采用丙烯两步氧化法生产丙烯酸，拥有先进的重组分裂解、醋酸精馏等专利技术，建有3条丙烯酸生产线以及1条丙烯酸丁酯生产线，是阿科玛全球最大的丙烯酸生产基地，确保阿科玛亚太地区丙烯酸下游业务（高泰、沙多玛、阿科玛涂料树脂等）的原料供应，为超级吸水剂、油漆、粘合剂和水处理剂等高增长市场领域提供产品支持。2021年，实现国税开票销售收入43.8亿元，工商税收1.17亿元。

格林美（江苏）钴业股份有限公司　2003年12月江苏凯力克钴业股份有限公司成立，后被格林美股份有限公司收购，占地面积约10公顷，是一家专注于钴金属湿法冶

格林美（江苏）钴业股份有限公司（2021年）　　滨江镇/供图

联成化学厂区（2018年）　　滨江镇/供图

炼及钴新能源材料产品深加工的高新技术企业，为国家战略物资储备局邀约招标单位、伦敦金属交易所（LME）期货合约生产商。公司主要产品包括3C数码电池用四氧化三钴材料、磁性材料与合金材料用金属钴片、高纯基础化学原料氯化钴、硫酸钴等，产品主要用于锂离子电池正极材料、航空航天高温合金、硬质合金、橡胶粘合剂和石化催化剂等领域。2021年，实现国税开票销售收入38.6亿元，工商税收5024万元。

阿贝尔化学（江苏）有限公司　2008年成立，占地43.33公顷，是香港新昌源国际集团有限公司与新昌源化工（江苏）有限公司共同投资组建的中外合资股份制有限公司。公司主要生产苯乙烯、环乙酮、己内酰胺，其中苯乙烯产品在华东区域市场占有率约为5%。同时提供苯乙烯技术开发、转让、推广、咨询服务。2021年，实现国税开票销售收入0.86亿元，工商税收201.5万元。

泰州联成化学、泰州联成塑胶　泰州联成化学工业有限公司和泰州联成塑胶工业有限公司均成立于2009年，二者均由世界级化工综合性生产商台湾联成化学科技股份有限公司投资建设，是台湾联成化学在华东、华南石化产业的重要布局，投资总额约6.7亿美元。两家公司拥有年产能苯酐12万吨、富马酸6000吨、聚氯乙烯增塑剂24万吨、聚乙烯塑料颗粒1600吨以及聚氯乙烯45万吨，并且持续增资扩产，联成化学的年产8万吨增塑剂加氢UN899技改项目于2019年5月投入试生产，联成塑胶年产15万吨聚氯乙烯扩建项目也在有序建设中，继续在增塑剂及PVC占领有利的市场地位。2021年，实现国税开票销售收入55.5亿元，工商税收1.02亿元。

泰兴金江化学工业有限公司　2001年12月成立，谦信化工投资建设，为香港叶氏化工集团成员单位，投资总额约12亿元，占地16.53公顷，是专业从事醋酸酯、食用酒精、二氧化碳生产与销售的高新技术企业，为华东地区最大的醋酸酯系列产品生产基地。公司年产能26万吨乙酸乙酯、4万吨乙酸丙酯、12万吨乙酸丁酯及酒精8万吨，副产品二氧化碳产能2.5万吨。采用木薯和玉米为

泰兴金江化学工业有限公司（2018年）　　余宁台/摄

生产原料，运用国内领先的生物化工工艺技术，是国家标准化委核定的首批循环经济标准化试点单位之一。2021年，实现国税开票销售收入80.2亿元，工商税收7290万元。

泰兴金燕化学科技有限公司　2009年10月成立，隶属于国内丙烯酸及丙烯酸羟基酯行业领先企业、高吸水性树脂（SAP）专业生产商江苏裕廊集团，是裕廊集团旗下乙烯产业链重点企业。总投资额15.56亿元，占地面积33.33公顷，为国内主要环氧乙烷和丙烯酸羟基酯生产商之一。公司具备年产26万吨环氧乙烷、11.5万吨羟烷基酯、7万吨聚羧酸单体/醇醚系列产品生产能力，每年回收6万吨食品级二氧化碳。2021年，实现国税开票销售收入16.49亿元，工商税收348万元。

江苏三蝶化工有限公司　2006年2月成立，由江苏三木集团与日本蝶理株式会社共同建设，为国内最大的涂料用树脂制造商和销售商。占地面积为36.67公顷，总投资约6.5亿元，是以丙烯酸、丙烯酸酯类产品生产为主的大型化工企业。公司具备年产能12万吨/年丙烯酸、4万吨/年丙烯酸酯类及3.6万吨醋酸能力，产品主要用于合成树脂、胶黏剂、合成橡胶/纤维、高吸水性树脂料等工业领域。2021年，实现国税开票销售收入27.6亿元，工商税收1204万元。

利税大户

至2021年，滨江镇国税开票5000万元以上精细化工企业基本情况如下表所列。

企业内斜梯　　杨玉宇/摄

表 9

2021 年滨江镇国税开票销售收入 5000 万元以上精细化工企业基本情况一览表

序号	企业名称	主要产品	国税开票销售收入（亿元）	工商税收（万元）
1	新浦化学（泰兴）有限公司	75万吨烧碱、50万吨氯乙烯、32万吨苯乙烯、13万吨苯胺、18.5万吨硝基苯、液氯、液氮、液氧、二氯乙烷、甲苯、乙苯，压缩氢气	105	113000
2	泰兴金江化学工业有限公司	47万吨醋酸酯、12万吨丙烯酸酯［食用酒精、二氧化碳（液化）、乙酸乙酯、乙酸正丁酯］	80.2	7290
3	江苏济川药业集团有限公司	蒲地蓝口服液、小儿豉翘清热颗粒	58.3	95000
4	爱森（中国）絮凝剂有限公司	18万吨聚丙烯酰胺、甲醇、丙烯酰胺、二甲基胺乙基丙烯酸酯，季铵盐、硫酸铵、多铵	46.6	6841
5	泰兴市昇科化工有限公司	48万吨丙烯酸、10万吨丙烯酸丁酯	43.8	11700
6	江苏中丹集团股份有限公司	1.5万吨对氨基苯乙醚、1500吨2-氯丙酸甲酯、2000吨对苯二酚，2000吨对甲氧基苯酚	42.9	8878
7	格林美（江苏）钴业股份有限公司	钴粉、电积钴2000吨、四氧化三钴4000吨、电积铜、草酸钴、氯化钴、工业盐	38.6	5024
8	江苏三蝶化工有限公司	丙烯酸12万吨，丙烯酸酯类4万吨，丙烯酸丁酯6万吨	28.8	11000
9	江苏盛泰化学科技有限公司	8万吨天然脂肪醇，12万吨脂肪醇聚氧乙烯醚、甘油	28.1	4021
10	泰兴金燕化学科技有限公司	6万吨环氧乙烷（20万吨在建）	27.6	1204
11	江苏常隆农化有限公司	1.45万吨杀虫剂、1.88万吨除草剂、0.15万吨杀菌剂、0.54万吨化工中间体	19.1	5792
12	泰州联成化学工业有限公司	14万吨苯酐、6000万吨富马酸、24万吨增塑剂	17.3	1317
13	泰州联成塑胶工业有限公司	30万吨聚氯乙烯树脂、PVC系列	17.29	3932
14	泰兴市裕廊化工有限公司	丙烯酸贸易（不生产）	16.4	539
15	泰兴市扬子医药化工有限公司	2万吨对氨基（苯）酚、硝基（苯）酚	16.2	16000
16	泰州百力化学股份有限公司	6100吨间苯二甲腈、1000吨对苯二甲腈、7000吨十溴二苯乙烷、150吨密菌酯、溴氢酸、盐酸、乙酸、甲醇、氨水	15.85	3826
17	阿科玛（泰兴）化学有限公司	丙烯酸贸易（不生产）	12.27	120
18	泰兴冶炼厂有限公司	3000吨氧化亚铜、1500吨碱式碳酸铜、6000吨活性氧化铜、300吨无水硫酸铜、1800吨沉积镍、300吨铜催化剂	12.2	3772

续表

序号	企业名称	主要产品	国税开票销售收入（亿元）	工商税收（万元）
19	泰兴锦云染料有限公司	4.5万吨活性染料	9.7	4449
20	江苏奥喜埃化工有限公司	19.71万吨KOH（48%）、STEAM、液氯、盐酸、次氯酸钠、氢气	9.7	8640
21	泰兴市兴安精细化工有限公司	10万吨三氯化磷、2万吨三氯氧磷、盐酸	8.6	3594
22	江苏恒润制药有限公司	高端医药中间体和原料药	8.3	5075
23	泰兴市超辰化工有限公司（双乐）	酞菁颜料	8.1	1877
24	先尼科化工（泰兴）有限公司	着色剂AP红系列产品（200吨有机颜料红117、600吨黄110、1000吨红254）	6.6	3436
25	泰兴市凌飞化学科技有限公司	6万吨壬基酚，2.5万吨壬基酚聚氧乙烯醚、脂肪醇聚氧乙烯醚、蓖麻油聚氧乙烯醚、聚乙二醇、脂肪酸酯	6.4	800
26	泰兴梅兰新材料有限公司	2万吨有机氟及其配套产品（混合工质制冷剂、五氟乙烷）	6.3	1611
27	泰兴市南磷化工有限公司	5.4万吨磷酸、食品添加剂磷酸	6.2	1504
28	泰兴协联众达化学有限公司	10万吨苯酐、3000吨富马酸	5.6	1161
29	沙桐（泰兴）化学有限公司	10万吨粗苯精制产品	4.2	364
30	泰兴市华盛银洋新材料科技有限公司	水性丙烯酸树脂乳液、皮革类水性丙烯酸乳液、环保型粉末涂料树脂及封箱胶带	3.7	512
31	阿克苏·诺贝尔氯乙酸化工（泰兴）有限公司	6万吨氯乙酸、盐酸、次氯酸钠	3.56	2611
32	博瑞生物医药泰兴市有限公司	1吨生物原料药、1吨中间体	3.5	1161
33	泰兴斯比凯可特种化学品有限公司	1.5万吨羧甲基纤维素纳	3.4	1354
34	泰兴汤臣压克力有限公司	3万吨压克力板材系列产品机械配件	3.3	1603
35	江苏广域化学有限公司	6吨烷基苯硼酸、3吨RHBF3、6吨EA01、6吨2HBF3、21吨2HH3系列产品、15吨MCEB	3	665
36	泰州市正大化工有限公司	8万吨聚氯乙烯树脂、高分子物理膨胀微球	2.8	1541
37	江苏顺丰化工有限公司	5万吨苯甲酸、1.5万吨苯甲酸钠	2.2	557
38	江苏科鼐生物制品有限公司	1000吨植物甾醇、550吨50%VE、100吨90%VE、70吨高aVE、170吨琥珀酸酯VE、40吨醋酸酯VW	2.2	161
39	泰兴市梅兰化工有限公司	1.5万吨二氟一氯乙烷、盐酸、次氯酸钠一氟二氯乙烷、二氟三氯乙烷	2.2	2730
40	泰兴锦汇化工有限公司	H酸1万吨，对位脂1.5万吨、环保型高档分散染料	2	506

续表

序号	企业名称	主要产品	国税开票销售收入（亿元）	工商税收（万元）
41	江苏泰特尔新材料科技有限公司	1500吨脂环族环氧树脂单体（3，4-环氧环己基甲酸、3-环己烯甲醛、环己烯甲酸环己烯甲酯）	2	1166
42	丰益春之谷生物科技（江苏）有限公司	50%天然维生素E油1200吨，90%天然维生素E油200吨，90%高α型天然维生素E油200吨，高α型维生素E琥珀酸酯200吨，高α型维生素E醋酸酯200吨，植物甾醇600吨，天然维生素E粉500吨	1.84	764
43	江苏鸣翔化工有限公司	1000吨双酚S系列、1000吨4-氯邻苯二甲酸、盐酸、次氯酸钠、二甲氨基磺酰氯	1.5	1281
44	泰兴市臻庆化工有限公司	2000吨活性红B-2BF、1500吨B-3BF、1500吨B-6BF、1000吨B-4GLN、2000吨B-4RFN、1500吨活性橙B-2RLN、2500吨活性黑B-GFF；3000吨活性蓝KNR；3000吨氨基油	1.36	622
45	双键化工（泰兴）有限公司	1000吨紫外线吸收剂、800吨抗氧剂、光稳定剂、阻燃剂、光起始剂、热安定剂	1.3	415
46	江苏汤臣新材料科技有限公司	亚克力制品	1.1	360
47	泰兴市富安化工有限公司	1500吨石油化工阻聚剂、抗氧化剂、催化剂	1	704
48	泰兴市康鹏专用化学品有限公司	含氟电子化学品600吨、三氟苯、CN-二氟苯、4-溴丙（乙、戊）基苯、1-氟萘、3HDF3	0.96	808
49	阿贝尔化学（江苏）有限公司	苯乙烯	0.86	201.5
50	江苏天脉化工有限公司	5000吨水处理剂（阻垢缓蚀剂、杀菌灭藻剂、二元共聚物、灰水分散剂）	0.79	447
51	泰兴百川化工有限公司	3000吨对硝基苯乙酮及副产3600吨邻硝基乙苯、活性氧化铝	0.76	17.6
52	泰兴市兴港医药化工厂	4万吨纺织助剂	0.66	271
53	泰兴先先化工有限公司	50吨三（2-环己基-5-甲基苯酚）丁烷	0.62	91
54	泰兴市沃特尔化工有限公司	1000吨间羟基苯甲酸、1万吨羟基乙酸羟基乙酸甲酯、羟基乙酸乙酯、羟基乙酸丁酯	0.59	169
55	钜迈（泰兴）工业服务有限公司	3500吨冷却水处理剂、2500吨锅炉水处理剂	0.56	894
56	丰益远大生物科技泰兴市有限公司	二聚酸7000吨、聚酰胺树脂4500吨	0.46	36
57	万得化工（泰兴）有限公司	2万吨活性染料	0.41	304

品牌产品

2021年，滨江镇拥有精细化工产业世界知名品牌产品20个。

表 10

2021 年滨江镇精细化工产业世界知名品牌产品一览表

序号	产品名称	拥有企业名称
1	醋酸乙酯	泰兴金江化学工业有限公司
2	聚丙烯酰胺	爱森（中国）絮凝剂有限公司
3	四氧化三钴	格林美（江苏）钴业股份有限公司
4	苯乙烯	阿贝尔化学（江苏）有限公司
5	高碳脂肪醇	江苏盛泰化学科技有限公司
6	环氧乙烷	泰兴金燕化学科技有限公司
7	聚氯乙烯树脂	泰州联成塑胶工业有限公司
8	活性超级黑	泰兴锦云染料有限公司
9	H酸	泰兴锦汇化工有限公司
10	十溴二苯乙烷	泰州百力化学股份有限公司
11	六氟丙烯	泰兴梅兰新材料有限公司
12	活性氧化铜	泰兴冶炼厂有限公司
13	邻苯二甲酸酐	泰兴协联众达化学有限公司
14	氯乙酸	阿克苏·诺贝尔氯乙酸化工（泰兴）有限公司
15	浇铸型工业有机玻璃板材	泰兴汤臣压克力有限公司
16	乙基双环己基丙烷（2HH3）	江苏广域化学有限公司
17	聚[（2-环氧乙烷基）-1，2-环己二醇]2-乙基-2-（羟甲基）-1，3-丙二醇醚（TTA3150）	江苏泰特尔新材料科技有限公司
18	红254	先尼科化工（泰兴）有限公司
19	铜酞菁/酞菁蓝	双乐颜料泰兴市有限公司
20	α-吡咯烷酮	泰兴延令精细化工有限公司

红旗飘飘(2011年)　顾伯章/摄

7 精神文明

滨江镇境域自古民风淳朴，素有“礼仪之乡”之称。20世纪60年代起全面开展学雷锋，80年代起全面倡导“五讲四美三热爱”，开展文明礼貌月创建活动。进入21世纪后，重点加强社会公德、职业道德、家庭美德、个人品德教育，开展文明村镇、文明单位、文明行业、文明家庭创建和先进典型、好人好事评选活动，倡导乐观向上的社会新风尚，让礼仪教育全面进入家庭、社会，真正使全民践礼修德、见贤思齐、崇德向善。

宣传教育

公民道德教育

滨江镇成立前，境域内原过船镇、马甸镇、天星镇党委和政府以基层党校、村民学校为主要阵地，采取学习班、读书班、报告会、知识竞赛、参观展览等多种形式，对广大干部、群众进行爱国主义教育。各镇党委以宣传科牵头组建宣讲团，列出宣讲菜单，由村、学校、企业选择内容进行对口宣讲。清明节、“七一”组织辖区共青团员和学生到杨根思烈士陵园、新四军黄桥战役纪念馆、中安轮遇难烈士纪念馆、泰兴革命烈士纪念馆、中共江浙区泰兴独立支部旧址等爱国主义教育基地开展活动。

1999—2000年，滨江镇组织干部群众学习江泽民在纪念十一届三中全会召开20周年大会上的重要讲话，党校举办各类专题培训班15期，轮训党员、干部2000人次。过船镇率先在全市开展“十佳”新人新事和“十佳”文明家庭评选活动，评选由基层推荐申报，评审小组初步确定候选人，集中张贴介绍候选人事迹，再组织全镇投票。在全镇村级以上干部会议上表彰先进人物，向全社会宣讲模范事迹，并向泰州市、泰兴市主管部门推荐，充分发挥典型的示范、辐射作用。

2001年，滨江镇集中学习贯彻中共中央颁布的《公民道德建设实施纲要》，通过不同层次会议宣传《公民道德建设实施纲要》精神。在全社会大力提倡“爱国守法、明礼诚信、团结友善、勤俭自强、敬业奉献”的基本道德规范。村委会结合本村实际，开展多种形式宣传教育活动，促进社会主义道德知识的普及。

2002—2006年，滨江镇开展以公民道德教育为主题的读书活动，发放《公民道德教育读本》和《公民道德教育知识300题》共1.5万余册。镇宣传科、工会、团委、妇联干部组成宣讲团，围绕现代文明意识、农村政策、法律法规、科技致富等11个课题，宣讲35场次，组织3500人参加公民道德建设书面知识竞赛。成立由58人组成的村镇文明纠察队，分组包区巡查，帮助村民纠正陈规陋习。

2007年滨江镇成立后，镇党委每年在“9·20公民道德宣传日”前后，集中宣传一

公民道德教育（2017年）

滨江镇/供图

『清廉滨江』论坛（2015年）

滨江镇/供图

滨江镇『代理妈妈』服务队（2013年）

顾伯章/摄

批公民道德建设先进典型、组织青年志愿者进村服务、到各单位画廊开办“公民道德建设大家谈”专题栏目，活动情况先后被《泰兴日报》《泰州日报》《新华日报》等媒体作专题报道。

2017年，滨江镇党委以改革开放四十周年为契机，在全镇开展“看成就、话改革、争贡献”主题教育活动，分别举行“我在改革大潮中”“巾帼风采”演讲比赛。各村（社区）开设难忘四十年、四十年巨变看滨江、我这四十年、我说这四十年等栏目，畅谈改革开放成果，展望美好未来。

2020年，滨江镇举办“两讲两树两争”（典型讲事迹，树志向，争做贡献；观众讲感悟，树目标，争当先进）先进典型学习宣传活动、“书香润滨江 悦读伴小康”主题全民阅读活动、“爱润滨江·助学圆梦”捐资助学活动，弘扬凡人善举，培育和践行社会主义核心价值观。

2021年，滨江镇推进党史学习教育，围绕“学史明理、学史增信、学史崇德、学史力行”主题，贯彻“学党史、悟思想、办实事、开新局”总体要求，聚焦党史学习教育目标任务和重点措施，党史学习教育氛围浓厚，党员干部理论武装持续强化，党性修养持续增强。

未成年人思想教育

1988年起，境域内小学开设思想品德课，初中开设政治课，对中小学生进行系统的思想品德教育。

1993年，学校思想政治教育以面向现代化、面向世界、面向未来“三个面向”为中心，突出国情教育、良好品德教育、习惯养成教育、礼仪教育四个重点。1996年，国家教委《爱国主义教育实施纲要》《中小学生日常行为规范》颁布后，各学校建立起以共青团、少先队、班主任、家长代表参加的德育工作队伍。

2007—2021年，滨江镇学校贯彻《中共中央关于进一步加强和改进未成年人思想道德建设的若干意见》，注重工作规范化、系统化、特色化、长效化，进一步整合学校、家庭、社会教育资源，共创文明校园。学校成立以校长、德育工作主任、少先大队辅导员、家长委员会代表为成员的德育工作领导小组。

建立校内德育工作网络，加强值日管理，开展标兵班级评选。学校根据每月德育教育主题安排活动，“三八”妇女节给学生布置亲情作业，“五一”举行“我是快乐的小主人”活动，“六一”期间开展文艺汇演以及“爱我家乡”演讲比赛，举行讲故事、写字、绘画、下象棋、打乒乓球、篮球比赛、体操表演、鼓号合奏、电脑课件制作等活动。在建党纪念日、“八一”建军节，未成年人入学、入队仪式和班会、队会上，组织有针对性、趣味性的特别活动，运用各种形式进行思想道德建设。平时通过升旗仪式、国旗下讲话、校园广播、黑板报、中队活动、墙报以及课外活动、校外教育基地等途径，对学生强化集体主义、爱国主义、社会主义教育，使学生树立正确世界观、人生观和价值观。

道德讲堂

2012年5月，滨江镇设立道德讲堂活动基地，利用基地开展形式多样的活动，引导人们学习身边看得见、学得到的平民英雄和凡人善举，宣扬助人为乐、见义勇为、诚实守信、敬业奉献和孝老爱亲的道德品质，营造重道德、守情操、讲文明、树新风的浓厚氛围。

2014年起，滨江镇党委扎实推进社会主义核心价值体系建设，带领全镇干群投身道德实践。各村（社区）、企事业单位，贴近本单位实际，以孝老爱亲、感恩自强、敬业奉献、诚实守信等为主题，讲英模，学先进，唱歌曲，颂经典，做好事，组织身边人讲身边事，身边人讲自己事，身边事教身边人，推进社会公德、职业道德、家庭美德、个人品德建设。2015年初，组织道德模范与身边好人现场交流活动。10月，开展“情暖人间·爱在身边”为主题的道德讲堂。

2016—2021年，开展“诚信友善共建和谐”道德讲堂，全镇累计举办道德讲堂100余次。同时，大力建设主题公园、名人墙，打造底蕴深厚的文化高地。在沿江风光带、村（社区）活动中心设立文明宣传画廊、小品雕塑，内容涉及社会主义核心价值观、中国梦、和谐家庭、公民道德和美丽乡村建设等。

服务帮困

志愿服务

2007年，设立滨江镇关心下一代工作委员会，紧紧围绕培养“四有”（有理想、有道德、有文化、有纪律）新人目标，开展革命传统和法律法规教育。关工委、团委、妇联、司法、成教等单位和部门协同办好家长学校，发动老干部、老模范、老专家、老战士、老教师对网吧和其他游乐场所进行义务监督，对特困生和失足青少年进行“一对一”“多对一”帮扶。2010年，组建“五老”志愿服务团。2014年，“五老”志愿者239人，是年，举行报告会8场次，开展党的知识竞赛3场次，受教育者3800人次。

2015—2021年，根据滨江实际，打造“假日爱心学校”工作品牌。“假日爱心学校”分布于镇、村（社区）、企业，志愿参与者321人，其中大学生志愿者9人。志愿者常年爱心护学，中考期间爱心送考。各村的校外辅导站，由司法和公安退休干部、退休教师、老军人中的志愿者担任辅导员。“假日爱心学校”的做法，被泰州市、泰兴市电视台作专题报道，并且推广到全省。

滨江镇充分发挥志愿服务在村（社区）工作中的作用，进一步整合党员、青年、“夕阳红”等各类志愿服务团队，建立起志愿

志愿服务大集市（2019年）　　滨江镇/供图

小小志愿者（2012年）　　顾伯章/摄

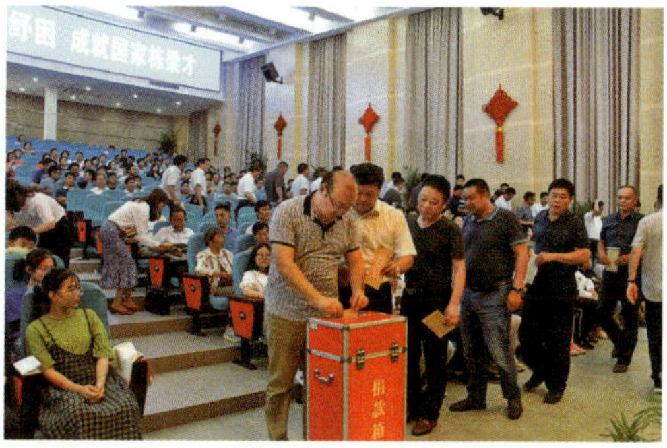

金秋助学活动(2019年)　　滨江镇/供图

爱心义捐(2011年)　　顾伯章/摄

服务联盟，以“邻里守望”为主题，对村（社区）留守儿童、困难家庭、残疾儿童开展长期帮扶服务，在各村、各企事业单位开展以平安建设、植绿护绿、应急救助、义务献血、关爱老人为内容的志愿服务活动。

扶贫帮困

2017年，滨江镇在全市率先颁布《滨江镇关于实施“一户一策”精准扶贫工作的意见》，成立并调整镇扶贫工作领导小组与工作班子，制定《滨江镇脱贫致富奔小康工程实施方案》，建立镇扶贫开发基金。2018年，全镇建档立卡低收入农户913户1447人和18个经济薄弱村实现“双脱贫”。2019年，开展返贫风险排查化解，对存在返贫风险低收入户开展调查摸底，共排查出99户，其中人均7000-7500元的边缘户29户，取消低保五保补助82户。经研究，开展类别化帮扶，增加公益性岗位21人，增加就业人口28人，低保提标10户，重残补助提标1户，灵活办理高补助政策（低保转一户多残、低保转重残等）16户，低保转五保13户，办理失地保险季保险金上调3户，土地流转1户，剩余11户20人低收入农户通过镇村项目分红兜底，确保低收入农户稳定持续脱贫，不返贫。

滨江镇在扶贫工作中坚持把扶贫帮困与公益慈善活动结合起来，开展牵手关爱在行动、爱润滨江，助圆梦想、情系孤贫儿童等助学活动。2016年，滨江镇企业和个人向社会捐资500万元。2017年，滨江镇商会捐款近20万元，帮助63名家庭贫困生圆了大学梦。3位商会企业家与4名贫困生结成帮扶对子，助学至大学毕业。2021年，滨江镇组织慈善活动募捐106万元，发放民政资金、临时救助1531.3万元。

文明创建

文明实践
温暖新春

经过努力，滨江镇创建工作取得良好成效。2015年，滨江镇被评为江苏省卫生镇、江苏省和谐社区建设示范单位、泰州市文明乡镇。至2017年底，全镇获泰州市以上（含线）表彰的村、单位共136个（次），其中6个村、单位获江苏省文明单位称号，15个村、单位获泰州市文明单位称号，11个村（次）获江苏省、泰州市和谐建设示范村称号。滨江镇经济总量获泰州市第一名，在全国千强镇中排名第111位。2021年，滨江镇被评为省文明乡镇，洋思、新星、仁寿3个村被评为省文明村。

“十星级文明户”创建工作现场会（2017年）　　顾伯章/摄

文明镇村

1996年起，滨江辖区的原过船、马甸、天星三镇，开展文明镇、村创建活动。成立创建领导小组，明确分工，责任到人。制定《两个文明创建工作条例》《村规民约》《十不规定》，组织干部群众学政治、学文化、学科技、学市场经济知识，提高干部执政能力和群众道德文化素质。各村（社区）开展绿化、硬化、美化、净化、亮化活动，将每年9月设为“创优美环境、创良好秩序、创优质服务”集中行动月。泰兴市委宣传部在蒋榨村召开全市文明村创建工作座谈会，参观创建现场，交流创建工作经验。对各单位创建工作情况，镇政府于每年年底组织考核验收，确定等级，把创建成绩作为评定机关和村级干部政绩的重要内容之一。

2000—2006年，文明镇村的创建工作，突出围绕发展经济，夯实基础、规范“十星文明户”评选、科学规划，改善村容村貌3个重点展开。2007年后，创建工作重点放在提高村民素质、志愿者服务、文化建设、社会治安、特色文化、家庭建设等方面，在镇域内大力兴办服务网点，建立志愿者队伍，组建综合执法队，形成文化、婚姻、劳务、物业管理的全方位服务特色。

2014年5月，滨江镇召开文明村（单位）创建工作专题会议，建立领导人挂钩村（社区）创建工作制度。镇区机关按照属地村（社区）实行结队共建。部分村（社区）开设心理诊所，村（社区）干部与村民促膝交流，面对面心理疏导。

2015年，推进道德讲堂基地建设。按照有场地、有牌子、有标识、有设施、有队伍、有规划、有制度、有活动、有效果、有档案的“十有”要求，推进道德讲堂规范化建设。2016—2017年，以“文明新村”建设为重点，抓检查督办，一个季度一通报。每年8月，以现场会形式召开全镇“文明新村”建设工作经验交流会。同时推进科技、文化、卫生、法律“四进村（社区）”活动，加强管理力度，全面提升村民素质。

2021年，滨江镇开展“赓续红色血脉·党建引领阅读”主题阅读活动，促进文明镇村创建工作。累计发放活动倡议书5.4万余份、开展宣讲200余场，举办主题阅读活动300多场次，3000人次参与，实现全民阅读全覆盖。

文明单位

20世纪80年代初，各企事业单位开展精神文明活动，倡导社会新风。1986年，开展文明单位创建和评选活动。

1996年起，党委政府在执法部门、特种行业、窗口行业等重点单位开展文明服务示范单位、文明行业创建。参评单位按照统一部署和要求，根据本行业的性质和特点制定实施方案，建立完善规章制度，诚恳接受社会监督。

2008年后，滨江镇开展“学雷锋行动日”、植树造林、送温暖献爱心、扶贫济困、结对帮扶等道德实践活动。实施中小学“小手拉大手，争做合格小公民”道德行动计划，开展文明交通工程、创建文明乡镇文艺演出等活动。开展“全面建设小康，共创和谐滨江”主题教育以及“六治一创”（整治乱倒、乱扔、乱画、乱堆、乱放、乱种，创建环境优美社区）活动。全镇每年开展一次文明行业、文明单位评比。

至2021年底，先后有25个单位获泰州市以上“文明单位”“文明单位标兵”称号。

文明家庭

1998年，境域内组织开展“十星级文明户”（爱国星、致富星、守法星、新风星、计生星、卫生星、文体星、和睦星、教育星、敬老星）评比活动，以家庭为参评单位，各村（社区）上半年初评，年终总评，对星级对象进行精神和物质奖励。1999年以后，“十星级文明户”评比工作成为各村（社区）精神文明建设活动的重要载体，逐步规范化、常态化。党委、政府将该项工作列入各村精神文明建设百分赛考核的重要指标，每年年底进行考核。通过星级家庭的评比，全镇村风、民风得到明显好转，带头致富、助人为乐、见义勇为、团结友善、孝敬老人等好人好事层出不穷，好婆婆、好媳妇、好妯娌、好儿女越来越多，逐步形成创建特色。

2007年，滨江镇党委政府进一步调整思路，在开展“十星级文明户”创建落实中做到“四结合”（同农村基层组织建设相结合，同农业产业结构调整相结合，同招商引资、壮大集体经济实力相结合，同维护社会治安、创建优美生活环境相结合）。

2010—2021年，各村每年评出的“十星级文明户”占总户数90%以上，“十星级文明示范户”占总户数6%以上。褚港村赵学成家庭获得“江苏省五好文明家庭标兵”称号，受到江苏省委、省政府嘉奖。

表 11

2014 年最美滨江“百佳”人物一览表

序号	名　称	人　物
1	十佳爱心企业家	曹龙祥、潘永美、张国强、秦伯进、邓宇雄、熊志、孙骁、金相培、周照明、陈栋
2	十佳服务明星	王洁、杨天津、翁洪海、蒋勇、任亚、马骁勇、侯学伟、叶清、顾玲、耿亮
3	十佳职业道德标兵	戴印琴、马玉华、叶雪梅、叶红梅、戴瑞武、孙永红、蒋鸿、李美、殷如岳、余伟
4	十佳共产党员	张玉建、张金龙、杨福庚、侯斐、刘胜川、侯慧、朱为民、徐继建、常如、陈春梅
5	十佳动迁工作人员	蔡小君、奚国平、施正国、曹文章、葛洪臣、钱晓霞、戴爱民、赵亦敏、徐玉霞、唐志荣
6	十佳动迁户	陈巧女、焦习飞、章祥贵、蒋富林、季荷英、石云峰、侯鸭林、常忠华、祝其龙、肖达华
7	十佳村干部	石岩、潘长龙、周育俊、蒋宏发、周冬生、石新国、殷国成、高放、苏永青、刘培义
8	十佳创业明星	汤月生、吴强、王忠成、叶明祥、蒋菊如、刘振龙、张卫民、曹鹏、羊小忠、曹子荣
9	十佳儿媳	于华、张金凤、张桂兰、曾玉凤、顾双美、叶春美、李美丽、韩建美、孔忠梅、张玉兰
10	十佳少年	奚礼蕊、严越、蒋筱钰、封煜杰、张若璠、冯嘉译、李冰玉、薛亦量、殷其雷、侯俊杰

表 12

2001—2021 年滨江镇受地市级以上（含条线）表彰单位一览表（部分）

年度	荣誉称号	获奖单位	授予单位
2001	泰州市文明村	殷石村	泰州市委、泰州市人民政府
2003	泰州市文明村	马甸村	泰州市精神文明建设指导委员会
2003—2004	江苏省文明村	蒋榨村	江苏省精神文明建设指导委员会
2003—2004	江苏省文明单位标兵	洋思中学	江苏省精神文明建设指导委员会
2005	泰州市文明村	殷石村	泰州市委、泰州市人民政府

续表

年度	荣誉称号	获奖单位	授予单位
2006	江苏省民主法治示范村	殷石村	江苏省依法治省领导小组
2006	泰州市农村集体财务规范化管理示范村	殷石村	江苏省农林厅
2005—2006	江苏省创建文明村工作先进村	蒋榨村	江苏省精神文明建设指导委员会
2007	江苏省民主法治示范村	马甸村	江苏省依法治省领导小组
2007	泰州市文明村	殷石村	泰州市委、泰州市人民政府
2008	一级公安派出所	过船水上派出所、江苏省泰兴经济开发区派出所	公安部
2008	泰州市“十强村”	殷石村	泰州市委、泰州市人民政府
2008	第二次全国农业普查先进集体	滨江镇	国务院第二次全国农业普查领导小组办公室
2008	江苏省五四红旗团委创建单位	共青团马甸团委	共青团江苏省委
2008	财政收入上台阶先进乡镇	原马甸镇	泰州市委、泰州市人民政府
2008	泰州市社会治安安全乡镇	原马甸镇	泰州市委、泰州市人民政府
2008	泰州市“十突乡镇”	原马甸镇	泰州市委、泰州市人民政府
2009	泰州市党风廉政建设示范村	马甸村	泰州市委、泰州市人民政府
2009	江苏省民主法治示范村	中港村	江苏省依法治省领导小组
2009	泰州市文明村	殷石村	泰州市委、泰州市人民政府
2009	泰州市“十强村”	殷石村	泰州市委、泰州市人民政府
2009	江苏省平安校园	马甸小学	江苏省教育厅
2007—2009	江苏省创建文明村工作先进村	蒋榨村	江苏省精神文明建设指导委员会
2010	一级公安派出所	过船水上派出所、江苏省泰兴开发区派出所	公安部
2010	全省人民调解工作先进集体	滨江镇人民调解委员会	江苏省高级法院、省司法厅
2010	泰州市党风廉政建设示范村	中港村	泰州市委、泰州市人民政府
2010	江苏省实施素质教育先进单位	马甸小学	江苏省教育厅
2010	泰州市“十强村”	殷石村	泰州市委、泰州市人民政府
2011	江苏省广播电视技术维护优秀乡镇广电站	滨江镇广电站	江苏省广电局
2011	泰州市党风廉政建设示范村	殷石村、蒋港村	泰州市委、泰州市人民政府

续表

年度	荣誉称号	获奖单位	授予单位
2011	泰州市文明村	殷石村	泰州市委、泰州市人民政府
2011	江苏省社会主义新农村建设示范村	殷石村	江苏省农村工作领导小组
2012	江苏省和谐社区建设示范村	殷石村	江苏省民政厅
2012	标准化示范供电所	滨江供电所	江苏省电力公司
2012	江苏省平安校园	马甸小学	江苏省教育厅
2012	江苏省规范化社会矛盾调处中心	滨江镇社会矛盾纠纷调处服务中心	江苏省司法厅
2012	江苏省五四红旗团委创建单位	滨江镇团委	共青团江苏省委
2012	江苏省人口计生窗口服务示范单位	滨江镇计划生育服务站	江苏省人口和计划生育委员会
2012	江苏省发展散装水泥示范镇	滨江镇人民政府	江苏省经济和信息化委员会
2012	江苏省广播电视技术维护优秀乡镇广电站	滨江镇广电站	江苏省广播电影电视局
2012	江苏省和谐社区建设示范村	三联村	江苏省民政厅
2012	泰州市科普文明村	褚港村	泰州市委、泰州市人民政府
2012	江苏省文明村	蒋港村、三联村	江苏省精神文明建设指导委员会
2012	江苏省广播电视技术维护优秀乡镇广电站	滨江镇广电站	江苏省广播电影电视局
2013	防震减灾示范村	蔡桥村	国家减灾委员会、民政部
2013	江苏省优质幼儿园	滨江镇中心幼儿园	江苏省教育厅
2013	江苏省民主法治示范村	蒋港村	江苏省依法治省领导小组
2013	江苏省二星级康居示范村	卢碾村	江苏省村庄环境整治推进工作领导小组办公室、江苏省住房和城乡建设厅
2013	江苏省民主法治示范村	三联村	江苏省依法治省领导小组
2013	江苏省三星级康居示范村	三联村	江苏省村庄环境整治推进工作领导小组办公室、江苏省住房和城乡建设厅
2013	泰州市卫生村	三联村	泰州市爱国卫生运动委员会
2013	泰州市全面小康示范村	五杨村	泰州市社会主义新农村建设工作领导小组

续表

年度	荣誉称号	获奖单位	授予单位
2013	泰州市文明单位标兵	殷石村	泰州市委、泰州市人民政府
2013	江苏省档案工作标兵	殷石村	江苏省档案局
2014	江苏省民主法治示范村	仁寿村	江苏省依法治省领导小组
2014	江苏省卫生村	三联村	江苏省爱国卫生运动委员会
2015	江苏省卫生镇	滨江镇	江苏省爱国卫生运动委员会
2015	安全生产宣传工作先进单位	江苏省泰兴经济开发区	江苏省安全生产监督管理局
2015	家风家训主题一等奖	江苏省泰兴经济开发区	江苏省妇女联合会
2015	江苏省和谐社区建设示范乡镇	滨江镇	江苏省民政厅
2015	江苏省园区知识产权试点优秀单位	江苏省泰兴经济开发区	江苏省知识产权局
2015	江苏省卫生村	仁寿村	江苏省爱国卫生运动委员会
2015	泰州市“平安乡镇”	滨江镇	泰州市委
2015	泰州市文明乡镇	滨江镇	泰州市委、泰州市人民政府
2015	江苏省和谐社区建设示范村	仁寿村	江苏省民政厅
2015	江苏省新农村建设示范单位	五杨村	江苏省广播电视总台（集团）
2015	江苏省卫生村	蔡桥村	江苏省爱国卫生运动委员会
2015	江苏省民主法治示范村	双彭村	江苏省依法治省领导小组
2015	泰州市文明村标兵	殷石村	泰州市委、泰州市人民政府
2015	江苏省和谐社会建设示范社区	殷石村	江苏省民政厅
2015	江苏省民主法治示范村	双彭村	江苏省依法治省领导小组
2015	泰州市文明村标兵	殷石村	泰州市委、泰州市人民政府
2015	江苏省和谐社会建设示范社区	殷石村	江苏省民政厅
2015	江苏省卫生村	长沟村	江苏省爱国卫生运动委员会
2015	江苏省民主法治示范村	过船村	江苏省依法治省领导小组
2015	江苏省卫生村	龙港村	江苏省爱国卫生运动委员会
2013—2015	江苏省文明单位	济川药业集团有限公司	江苏省精神文明建设指导委员会
2016	江苏省卫生村	红旗村	江苏省爱国卫生运动委员会
2016	防震减灾示范村	仁寿村	国家减灾委员会、民政部
2016	江苏省民主法治示范村	西江村	江苏省依法治省领导小组

续表

年度	荣誉称号	获奖单位	授予单位
2016	安全生产先进集体	滨江供电所	江苏省电力公司
2016	泰州市“水美乡村”	龙港村	江苏省水利厅
2016	优秀广播电视站	滨江镇广电站	江苏有线泰州分公司
2016	江苏省文明村	蒋榨村	江苏省精神文明建设指导委员会
2016	江苏省文明村	殷石村	江苏省精神文明建设指导委员会
2017	创建无邪教示范区	仁寿村	国务院防范和处理邪教问题办公室
2017	全国示范“农家书屋”	仁寿村	国家新闻出版广电总局
2017	江苏省和谐社区建设示范村	双彭村	江苏省民政厅
2017	江苏省创业型村	天星村	江苏省人力资源和社会保障厅
2017	江苏省民主法治示范村	卢碾村、褚港村	江苏省司法厅
2017	江苏省和谐社区建设示范社区	龙港村	江苏省民政厅
2018	2017年第二批绿色制造示范单位	泰兴经济开发区	工信部
2018	全国综合实力千强镇	滨江镇	
2018	江苏省卫生村	西江村	江苏省爱国卫生运动委员会
2018	省一村一品一店示范村	双彭村	江苏省农业农村厅
2018	江苏省民主法治示范村	红旗村	江苏省司法厅
2016—2018	江苏省文明村	蒋港村	江苏省精神文明建设指导委员会
2016—2018	江苏省文明村	仁寿村	江苏省精神文明建设指导委员会
2016—2018	江苏省文明村	殷石村	江苏省精神文明建设指导委员会
2019	全国乡村治理示范村	仁寿村	农业农村部、中央宣传部、司法部
2019	省级绿色优质农产品基地	滨江镇	江苏省农业农村厅
2019	江苏省卫生村	双彭村	江苏省爱国卫生运动委员会
2020	江苏省卫生村	翻身村	江苏省爱国卫生运动委员会
2020	江苏省民主法治示范村	龙港村、新星村	江苏省司法厅
2021	江苏省卫生村	永新村	江苏省爱国卫生运动委员会
2021	江苏省民主法治示范村	永新村	江苏省司法厅
2019—2021	江苏省文明镇	滨江镇	江苏省精神文明建设指导委员会
2019—2021	江苏省文明村	洋思村、新星村、仁寿村	江苏省精神文明建设指导委员会

“全国见义勇为优秀大学生”刘峰

1986年10月，刘峰出生在滨江镇大何庄村何庄四组的一个农民家庭。2008年3月8日，在哈尔滨工业大学航天学院就读的刘峰和同学何晓波相约去松花江畔放风筝。两人由防洪纪念塔出发，从冰面上穿江去松花江北岸。

下午2时左右，就在两人快到江北时，隐约听到背后有呼救声。刘峰转身发现百米左右的冰面下，两名儿童正在水中拼命挣扎。见此情景，他们不顾一切地向事发地点奔过去。为了减轻冰面压力，他俩趴在冰面上搭成躺着的人梯，刘峰在后面拽着何晓波，何晓波在前面拉落水儿童，他们很快救上了一个儿童。另一个儿童已冻得失去知觉，头朝下倒悬于水中。冰面随时有大范围坍塌的危险，时间就是生命！他俩快速而又艰难地往前移动，终于挪到冰窟边沿，奋力将另一个儿童拉出水面。在闻讯赶来的群众帮助下，刘峰与何晓波把两个儿童背到最近的风景管理处办公室，并立即报警。看到儿童都脱了险，刘峰和同学才悄悄地离开。

刘峰他们回到学校后，没有跟别人说起救人的事。直到两天后两位被救儿童家长到学校感谢，他俩见义勇为的行为才得以“曝光”。

2008年，黑龙江省授予刘峰和何晓波“黑龙江省优秀大学生”荣誉称号，两人当选为“2008中国大学生十大年度人物”。2009年，教育部作出决定，授予刘峰、何晓波“全国见义勇为优秀大学生”称号。

江苏省五好文明家庭标兵赵学成家庭

原过船镇褚港村赵学成、成正芳一家，用诚信持家的理念默默实践着“君子喻于义”这句古话。赵学成初中没毕业就辍学回家，为了生计，赵学成卖过烧饼，做过木匠，开过布店，经营过饭店，虽然家境并不富裕，但夫妇俩无论做哪一行，总能留下一段“诚信经营、文明持家”的淳朴诗篇。几十年前，赵学成的妻子成正芳不顾家人反对，毅然嫁到家境贫寒的赵家。当时赵家兄妹6人，最小的只有五六岁，全家10口人挤在三间茅棚内。嫁到赵学成家没多久，婆婆因病去世。成正芳向家人们表示，拼死拼活一定把弟妹们拉扯成人，直到每个人成家立业。多少个寒来暑往，她为了弟妹上学、工作、盖房、结婚、生子而奔波操劳。现在弟妹5人子孙满堂，都过上了幸福生活。方圆几里的乡亲们都交口夸赞，像这样和睦的大家庭真少见。赵学成夫妇诚信做人的品格潜移默化地影响着弟妹、妯娌和孩子们，一家人用实际行动为诚信之家增光添彩。赵学成家庭先后被评为“泰兴市十佳文明示范户”“泰州市十星文明户”。赵学成被评为镇先进工作者，成正芳被评为泰兴市“十佳漂亮妈妈”。2006年9月，赵学成家庭获“江苏省五好文明家庭标兵”称号。

孝顺儿媳戴晓琴

戴晓琴，泰兴市滨江镇五杨村人。1997年，婆婆手脚疼痛日趋严重，医院诊断为类风湿关节炎，需要长期卧床治疗。为照顾婆婆，戴晓琴从工厂辞职。

1998年下半年，戴晓琴为贴补家用，到村里一家冲件厂上班。因机器故障，戴晓琴左手食指被冲掉了一截。婆婆要治病，建房要还债，靠丈夫和公公那点工资是远远不够的。不等伤口完全愈合，戴晓琴便就近上班。婆婆左小腿骨摔断了，戴晓琴四处借钱，让婆婆得到及时治疗。公公租用村里排涝站开了个小店，丈夫跟人家去了广东打工，家庭里里外外都靠戴晓琴一个人张罗，戴晓琴坚持了下来。

2002年，戴晓琴公公患肠癌和肝癌晚期。戴晓琴再次辞掉工作照顾。她请两个姐夫轮流照顾在医院的公公，自己煮饭、送饭兼顾小店，照顾家里老人小孩。公公在医院住了两个多月，家里又欠下4万多元债务。公公出院6个多月后，不能再起床。戴晓琴每天家里、小店两头跑，一张床上躺着公公、婆婆两个重病人，喂好这个喂那个。寒冬季节，一天要为公公换上十几次的热水袋。公公病入膏肓，靠注射哌替啶暂时止疼，戴晓琴硬是学会打针。为了不让公公身上长褥疮，隔几天就帮公公擦身。8个月后，公公撒手西去，第二年，奶奶油尽灯熄。同年9月，外婆也过世。

两年三次丧事和沉重家庭负担，并没有让戴晓琴变得怨天尤人，她小店扩成小超市，增加经营品种，后来丈夫回家自主创业。家庭经济得到缓解，生活也多了个帮手，戴晓琴逐渐走出了困境。

2011年，戴晓琴被评为泰兴市“十佳好媳妇”。

军嫂蒋小红

蒋小红是洋思中学的语文老师。丈夫是军人，长年不在家。爷爷患贲门癌，动过大手术。奶奶患老年痴呆症，有10多年历史。60多岁的公公患先天性心脏病和肠道病，每天离不开药。婆婆10年间做过3次手术……这样一副家庭重担，全靠蒋小红一个人扛着。

患贲门癌的爷爷脾气越来越暴躁，但只要蒋小红在，他就很安静地坐在轮椅上，等待蒋小红给他擦脸、洗手、剪指甲，乖得像个孩子。婆婆摘除扁桃体手术时，正值学校初三学生总复习。蒋小红白天抓紧工作，晚上陪伴婆婆，等婆婆安静地睡着了，她才能定下心来做事，常常是把工作做完，已到深夜一两点。

蒋小红临产前一天，丈夫才匆匆从部队赶回。女儿出生8天，部队一个电话，丈夫又匆匆地走了。8年来，女儿和爸爸在一起的时间不足300天。蒋小红经常让女儿给爸爸通电话，给她讲述爸爸的故事，让她时刻感到爸爸就在身边。

蒋小红精心照顾家人，但从未影响自己的工作。她代表学校对外开课几十节，多次应邀到外省市上公开课、示范课。在学校和区组织的说课、赛课比赛中，多次取得第一名。学校给了蒋小红很多荣誉：巾帼建功英雄、优秀备课组长、教科研先进个人、青年岗位能手。2009年，蒋小红所带的八年级语文教研组获得“青年文明号”称号。在部队的丈夫先后被评为优秀军官、优秀共产党员、何祥美式爱军精武标兵，立三等功3次。为此，蒋小红感到十分欣慰。

2011年，蒋小红被评为泰兴市“十佳好媳妇”。

爱心使者张艳

张艳原是徐州一所大专院校的老师。2006年，为解决夫妻两地分居，她来到丈夫的老家泰兴，应聘于泰兴经济开发区一家企业。2008年初，张艳被提拔为企业综合人事部经理。工作环境熟悉后，她感到自己有余力做公益事业，便在工作之余到公益组织帮忙。

2014年，张艳与派出所民警以及部分企业爱心人士一起，组建泰兴滨江平安义工队伍。至2017年，志愿者队伍扩展到300多人。张艳关爱留守儿童、老龄贫困妇女、残疾人，设立爱心基金，发动暖冬捐赠……在校园、在贫困单亲家庭、在残疾儿童学校、在孤寡老人家中，到处都留下了张艳和她伙伴们的足迹。张艳每年都要组织“牵手苏馨家园”活动，参加残疾人手工义卖、中秋联谊，带园友们春游。2016年，她邀请幸福门公司赞助苏馨家园烹饪大赛，向园友们提供100桶食用油。每年5月17日全国助残日，张艳率义工队带着水果、饼干等礼物去苏馨家园慰问园友。

2014年10月起，张艳向社会发出倡议书，组织“让爱温暖寒冬”行动，在滨江周边村镇设立多家爱心冬衣捐赠站，组织义工对冬衣筛选、洗涤、整理、打包。至2017年，义工队外输爱心冬衣超过100箱。张艳还每批选择10个左右15岁以下的留守儿童，组织孩子们自我介绍，互赠小礼物，让他们享受家庭的温暖。每年暑假，张艳组织开展“关爱留守儿童”活动，通过游戏和开展亲子活动，丰富孩子们暑期生活。张艳和义工们长期帮扶马甸小学、马甸初中和滨江实验学校的6名贫困学生，给他们购买学习用品、置办过年新衣，陪他们过“六一”。

2016年张艳设立“爱心储蓄罐”，2017年筹得6700元，用于资助泰兴市河失镇两所小学的6名困难学生。张艳还与宁通高速公路收费站联系，和他们联合行动，让孩子们接受交通安全教育。滨江镇卢碾村陈奶奶老伴早年去世，儿子20岁时在一次交通事故中不幸丧生。张艳到泰兴落户后，陈奶奶便成为张艳长期帮扶对象。她给老人送衣送物，打扫卫生，收拾家前屋后。“公益不是我的职业，但我当成了自己的事业。”张艳一直践行着自己的理念。

“最美大学毕业生”姚恒华

姚恒华是滨江镇永新村党支部副书记、江苏果然好生物科技有限公司法人代表。2013年，他以综合排名第一的成绩成为泰兴市大学生村官。姚恒华始终怀揣“四心”（亲民的热心、为民的决心、富民的信心和矢志不渝的恒心）扎根基层，尽心尽力做好每一项工作。在双彭村，他先后为村里13名低保户和9名残疾人办理低保和重残手续；协助村支书募集资金20多万元，装灯修路；积极上争惠民工程和扶持项目，建设700平方米公共绿地广场和600平方米村部，投资近100万元拓宽改造双彭路，投资90万元的泰兴市双彭便民劳务服务有限公司获省农工办立项并投入运转。

2016年，姚恒华调任经济相对薄弱的永新村。短短数月，姚恒华让该村摆脱年终考核倒数的惯例，获评“争先进位奖”和“六无平安示范村”。他还先后被抽调至镇拆迁科、农村工作科、党政办等部门轮岗锻炼，赢得了领导和群众的普遍认可。上任以来，他连续3年考核优秀，多次被评为滨江镇“优秀共产党员”，多次在全市演讲比赛中获奖，被市委组织部评为优秀大学生村官。

2017年，姚恒华获泰州市最美人物之“最美大学毕业生”称号。

“最美基层共产党员”刘敏

刘敏，女，滨江镇过船村党总支书记。在工作中，刘敏无论走到哪里，都随身带着日记本。通过下基层、入农家、进地头，边交流边记录，长年累月帮助群众排忧解困、办实事，赢得群众的广泛信任。刘敏常说：“作为共产党员，对群众必须有深厚的感情，有了这份情，才能不断托起百姓们的一份希望。”

2016年夏季汛期到来时，当地遭遇强连续降雨，刘敏带领群众夜以继日冲锋在抗洪抢险第一线，确保了全村百姓的生命财产安全。在2016年9月的过船村党总支改选中，刘敏以全票当选党总支书记。任职后，在她的带领下，过船村集体经济收入达76.4万元，困难家庭脱贫率达97%，2017年，获区镇村居“综合三等奖”。

2017年，刘敏获泰州市最美人物之“最美基层共产党员”称号。

村民、企业的贴心人石岩

石岩，女，滨江镇殷石村党总支书记。2000年到村工作后，石岩用实际行动践行着她对全村乡亲们和党员干部亮出的三句承诺：“3年内让所有低收入户村民脱贫，我担首责；平时工作再困难，我带头干；企业碰到矛盾纠纷，我第一时间去解决。”她和同事们确立全村总体帮扶工作思路、推进策略和工作重点，拓宽帮扶工作思路，落实帮扶项目，解决实际困难，坚持引导低收入户实现增收脱贫。

2014年担任村主任后，石岩总是将“平时工作再困难，我带头干”落到实处。2016年9月底，政府下达新闸组农民失地保险名额必须在最短的时间内办理结束的任务，可新闸组的征收土地款还沉睡在政府财政账目上，由于新闸组是菜农，吃过供销，寄住在过船老镇区的很多外来人员较为复杂。石岩带领班子成员到村民家中现场解答群众提出的各类问题、解决各类矛盾，她放弃了国庆、中秋节假日，在短短一周内完成新闸组土地款分配工作。

为有效帮扶5个低收入、年龄偏大的单身汉，石岩在村里成立“帮困基金”，通过四个“一点”的办法，筹备精准扶贫资金12.5万元，即班子成员捐一点，党员、村民帮一点，社会能人捐一点，辖区企业筹备一点，并将筹备到的资金存起来，用取得的利息专款专用，来解决5个人的收入缺口。79岁的贫困户周龙英行动不方便，与儿子两人生活在一起，家庭比较困难。石岩帮他出租家中的空闲房屋，每年获年租金1万余元。石岩前后为3户贫困户办理失地保险，获得正常收入。在她的带动下，每个村干部与9家贫困户结对子，长期跟踪帮扶对象，摸清贫困原因，倾听贫困户心声，理清脱贫思路，制定不同的脱贫方案。至2017年底，全村9户低收入家庭全部脱贫。

面对企业在施工中的各项矛盾协调，石岩带领干部群众全力以赴，积极做好化解工作。在一家制药企业即将开工时，焦东组动迁户40多岁赵小军是个残疾人，因为生活不便，好多户不愿租房子给他，一时找不到租房，无法搬出。石岩带领班子成员先后3次去马甸养老院对接，第一次去看住宿条件和价格，第二次请赵小军的父母去做决定，第三次帮助赵小军搬运物品，解决他生活实际困难。

村规民约

2012年，滨江镇下发《加强村民自律，推进村规民约普及化》实施意见，全镇31个村（社区）根据村情乡情，制定完善村规民约，发挥村民在自治中的主体作用，依法依规参与本村事务处理，实现自我管理、自我教育、自我服务、自我约束。全镇村民、居民对《村规民约》《居民公约》知晓率达98%以上，履约律达95%以上。

滨江镇各村（社区）实行严格奖惩机制，每年年底评选出好人好事、文明户、五好家庭、好媳妇，对评出的标杆对象给予表彰奖励，对违反村规民约行为进行批评教育、责令恢复原状、作价赔偿、书面保证、不参与荣誉称号评选、不享受公益福利性政策等处罚。建镇以来，镇域各村（社区）社会治安、婚姻家庭、邻里关系、环境治理、公益事业、土地管理等方面取得长足进步和发展。

附录一：仁寿村村规民约

1.为推进民主法制建设，维护社会稳定，创造安居乐业社会环境，促进经济及社会各项事业发展，特制定《村规民约》，以期共同遵守。

2.遵守社会公德、家庭美德、职业道德，讲文明，懂礼貌，尊老爱幼，团结友爱。

3.不惹是生非，不拉帮结派，不聚众闹事、酗酒滋事、打架斗殴。严禁侮辱、诽谤他人，严禁造谣惑众、搬弄是非。

4.自觉维护社会秩序和公共安全，不阻碍公务人员执行公务。严禁偷盗、敲诈。严禁赌博。严禁匿赃、销赃。

5.弘扬正气，抵制歪风邪气。不装神弄鬼，不搞封建迷信活动。不听、不看、不传淫秽书刊、音像，不参与邪教组织。

6.维护生态环境，保护林木资源。搞好护林防火，严禁乱砍滥伐。严禁烧荒，严禁焚烧秸秆。遵守交通规则，维护交通秩序。严禁乱倒垃圾，严禁乱堆放物品，严禁占道经营。

7.爱护公物，不损坏水利、交通、供电、网线、生活等公共设施，不私自铺设电线、水管。严格用水、用电管理，禁止偷电、偷水。加强畜禽管理，不损害他人农作物。

8.服从建设规划，未经村组和上级有关部门批准不擅自动工建房，不损害四邻利益。

9.强化依法维权意识。邻里纠纷本着“团结友爱”的原则平等协商解决，协商不成的申请村、镇调解委调解，或者通过法律程序依法向人民法院起诉，严禁串联其他人员或利用宗族势力制造事端。

10.父母尽抚养、教育未成年子女义务，禁止歧视和虐待儿童，子女尽赡养老人义务，不得歧视、虐待老人。

11.进驻本村外来人员，必须自觉遵守本《村规民约》。

12.对违反上述规定者给予批评教育，责成其做出书面检讨；造成财物损毁的，除给予赔偿外，视情节轻重予以罚款；情节特别严重的，报送司法机关处理。

2015年3月

附录二：印桥社区居民公约

为适应社会治理新形势的发展，规范群众自治，提升居民自我规范、自我管理的质效，指导社区党员干部带领居民建设“产业兴、生态美、乡风美、生活富、治理新”的新型社区，按照国家有关法律、法规和政策，在广泛征求社区居民意见的基础上，制定本社区《居民公约》。

总　则

坚决拥护党的领导，执行党的路线、方针、政策，学习贯彻党的十八大以来历届全会精神和习近平新时代中国特色社会主义思想，旗帜鲜明讲政治、致力发展高质量、综合治理树新风、廉洁自律作表率、齐心协力建设新社区。

积极构建以党员为主体，各类社会力量共同参与的多元共治格局，积极推行“党建+网格”社会治理模式，着力构建共建共治共享的“三治”目标。严格依法办事，依法治理，积极引导居民遵纪守法，帮助居民依法维权，压降社区各类涉警案件的发生率。制定和量化星级评定标准，评选各类先进典型，以示范引领崇德守法的良好风尚，不断夯实社会治理的德治基础。

公共环境

第一条　遵守建设法规。居民自觉遵守政府规划及相关规定，不乱搭乱建，不以维修、加固房屋的名义违规搭建，如有发生将责令拆除。

第二条　维护社区环境。庭院及家前屋后整洁有序，无乱堆乱放、乱贴乱画、乱拉乱接、乱垂乱挂、乱抛乱弃、粪坑露天、饲养禽畜、露天焚烧农作物秸秆现象，生活、建筑、装修垃圾按要求及时清运到指定收集点集中填埋。推行垃圾分类积分制。保持河道整洁，不得将垃圾、农作物秸秆及人畜粪便、剩菜剩饭、泔水等抛在河坡或河道内。不挖坡取土，不扒坡种植。保持路道整洁畅通，不准在道路两侧乱堆乱放、乱停车辆、占道经营、出摊经营，不准在道路上打谷晒粮。禁止损毁树草，禁止在公共区域移栽树草和种植蔬菜，主干道可视范围内不准堆放杂物，不准在区域路道上行驶重型车辆。

公共秩序

第三条　提倡移风易俗。婚丧喜庆倡导简朴节约，反对铺张浪费。严格执行殡葬法律法规，骨灰统一进公益性公墓，严禁二次装棺、乱埋乱葬、乱建豪华套碑。倡导鲜花祭祀。

第四条　团结互助。居民之间团结友爱，不打架斗殴，不酗酒滋事，严禁侮辱、诽谤他人，严禁造谣惑众、搬弄是非。提倡邻里互助，帮助困难居民解决生活困难。

第五条　爱护公共财产，自觉参与公益设施维护。不准破坏道路、公厕、护栏、路灯、绿化等公共设施，及时制止各类破坏行为。

公共安全

第六条　自觉抵制各类邪教活动，不参加非法宗教，不利用迷信活动骗财骗物。不信谣，不传谣，不道听途说。鼓励和保护对各类邪教活动进行举报，不参与各类非法集资活动。

第七条　依法依规表达正当诉求。逐级有序到指定场所表达自己的意愿，不越级上访、缠访、闹访。不非法制造、经销、买卖、私藏管制刀具等凶器和危险品。积极参与民间纠纷调处，遵守调解意见，做到大事不出社区，小事不出组。

第八条　自觉抵制各类违法行为。不参与涉黑涉恶等违法活动，积极配合上级有关部门开展扫黑除恶的专项斗争。自觉抵制黄、赌、毒，倡导健康文明的生活方式，共同营造良好的社会风气。

第九条　严格遵守安全监管制度。加强个人、家庭以及涉众型安全问题的教育，自觉接受和配合社区对“三合一”场所及群租房的安全监管。积极参与消防演练，注意“火、电、气”安全。自觉执行养犬相关法律规定，与居委会签订好责任状。加强对公共卫生知识学习，积极参与公共卫生服务活动，尤其是重大疫情防控，自觉配合和执行上级部门各项规定和要求，配合各级部门开展群防群治工作。

家庭新风

第十条　倡导孝老爱亲。尊敬长辈，严禁虐待、打骂、遗弃或伤害老年人。成年子女、继子女、养子女和其他有赡养义务的及其配偶，对基本丧失劳动能力或无生活来源的父母、继父母、养父母和其他赡养的老年人必须履行赡养义务，赡养支出不得低于本社区的基本生活水平。爱护未成年人，重视未成年人的教育。父母、继父母、养父母等法定监护人对未成年子女、继子女、养子女必须履行抚养义务，并保证子女接受国家规定的义务教育。维护妇女权益，保护妇女在社会和家庭生活中的合法利益。

保障机制

（一）红榜制度

对在困难家庭救助、社区建设等公益事业中捐献款物、贡献力量的居民和单位及在社会治理工作中积极献策并被社区采纳的居民，社区将在红榜予以公布，并落实荣誉激励措施。

（二）评比制度

1.评选条件。社区设立四类三等先进奖项。评比类型：十星文明户、美好家庭户、遵纪守法户、文明经营户。评比标准：一等十星文明户，符合《居民公约》十项条款要求，家庭成员无违法违纪行为；二等遵纪守法户，符合《居民公约》中关于公共环境、公共秩序、公共安全约定之条款；三等美好家庭户和文明经营户，分别符合《居民公约》中关于公共环境、家庭新风约定之条款和《居民公约》中关于公共环境、公共秩序约定之条款。

2.评选方式。采取居民十人以上联名推荐、各网格长和专职网格员联名推荐、社区党总支和居委会提名推荐三种方式，经社区居民代表大会表决通过。

3.激励和惩戒措施。对各类先进典型落实挂牌的荣誉激励，并辅以适当物质奖励，通过“道德讲堂”活动公开表彰；对已评选的先进户，如有违反《居民公约》条款的，根据违反公约的条款摘取相应的红星，违反五款以上的摘牌。

（三）否决条款

凡被依法处理或违反《居民公约》的住户，在本年度内不得参加以上先进的评选，在当年度临时性福利、公益性岗位、临时救助等事项中不予安排，在当年度入党、入伍、参加公职等政治审查中据实反映。

本居民公约具有社区与居民之间的契约性质，对全体居民有同等约束力，全体居民应自觉遵守执行。本社区的外来暂住人员和各类从事经营活动的人员参照执行本《居民公约》。本居民公约解释权归印桥社区居委会所有。

本居民公约经居民代表会议讨论通过，自公布之日起施行。

2017.3

莲藕丰收（2020年）　　滨江[illegible]供图

8 物产美食

滨江镇水网密布、土地肥沃、物产丰盈，濒临长江的独特区位优势，孕育出许多享誉苏中、苏北乃至全国的名特优物产和美食佳肴。以秧草焐河豚、爆炒江水虾、鲜嫩刀鱼羹为代表的江鲜名菜及闻名遐迩的滨江年糕、涨烧饼、光油烧饼、蟹黄包、扁食（馄饨）等特色小吃，色香味俱佳，如一张张金色的请柬，诚邀天下客前往品尝。滨江人把握“天时、地利、人和”的条件，打造美食新品，用勤劳的双手翻开了优质生活新篇章。在这片人文荟萃的土地上，滨江人融合南北烹饪技艺之长，用品类丰富的食材，在锅碗瓢盆间创造出无数佳肴。

特色水产

长江水产

河豚　学名河鲀，为硬骨鱼纲科鱼类的统称，俗称河豚。河豚为暖温带及热带近海底层鱼类，一般栖息于海洋的中、下层，有少数种类进入诸如长江等淡水江河中。滨江镇长江段漫长的江岸线、平缓的水流、丰富的饵料，诱惑着河豚在此安营扎寨，等待产卵。河豚在遇到外来危险时河豚整个身体呈球状浮上水面，同时皮肤上的小刺竖起，借以自卫，所以滨江地区又称其为“观灯鱼”。河豚虽然具有毒素，但是通过正确处理可以正常食用。宋代大文豪苏东坡有诗云：“蒌蒿满地芦芽短，正是河豚欲上时。”同时代文人梅尧臣在《范饶州坐中客语食河豚鱼》一诗中这样写道：“春洲生荻芽，春岸飞杨花。河豚当是时，贵不数鱼虾。”均说明，古人就喜爱食用河豚。滨江地区河豚一般每年正月上市，清明节后罢市。河豚中含有蛋白质、氨基酸、碳水化合物、维生素、矿物质、烟酸、微量元素等营养成分，其肉质洁白如霜，肉味鲜嫩可口，大人小孩均极喜爱吃河豚。

刀鱼　学名刀鲚，其体型狭长侧薄，颇似尖刀，因此得名。长江刀鱼是典型的洄游鱼种之一，生殖季节的每年3月陆续从河口区进入淡水区，沿干流上溯至长江中游产场作生殖洄游。产卵后亲鱼分散在淡水中摄食，并陆续缓慢地顺流返回河口及近海继续肥育，其幼鱼也顺水洄游至河口区肥育。刀鱼从头向尾部逐渐变细，腹部圆润，上颌长，超过胸鳍基部，胸鳍鳍条细长，有6个长的细丝，臀鳍长，并与尾鳍相连，尾鳍短小，臀鳍软条80条，体长可达26厘米，体长、身侧扁，向后渐细尖呈镰刀状，故而得名。滨江镇刀鱼为名贵鱼种，体型狭长，鳞薄，白色，颇似尖刀，多细毛状骨刺。其肉质细嫩，肉味鲜美、肥而不腻兼有微香，且富含优质蛋白，被誉为“春馔妙物”，与鲥鱼、河豚并称“长江三鲜”。农谚有“春潮迷雾出刀鱼”，刀鱼于每年元宵时上市，是春季最早时鲜鱼之一。宋代名士刘宰曾赋诗赞刀鱼：“肩耸乍惊雷，腮红新出水，佐以姜桂椒，未熟香浮鼻。”滨江镇刀鱼作为曾经的“长江三鲜”之一，一直受到追捧，但过度捕捞导致长江生

河豚（2021年）　　邵奇青/摄

鲥鱼（2021年）　　邵奇青/摄

态受到影响。

鲥鱼　鲥鱼为溯河产卵的洄游性鱼类，因每年定时初夏时候入江，其他时间不出现，因此得名。鲥鱼古为纳贡之物，素被誉为水中珍品，为中国珍稀名贵经济鱼类。明代文人何景明有《鲥鱼》诗云："五月鲥鱼已至燕，荔枝卢橘未应先。赐鲜偏及中珰第，荐熟谁开寝庙筵。白日风尘驰驿骑，炎天冰雪护江船。银鳞细骨堪怜汝，玉筯金盘敢望传。"鲥鱼与河豚、刀鱼齐名，素称"长江三鲜"。滨江段长江虫藻密集，为随江而上的鲥鱼提供了丰富的食饵。继扬子鳄、中华鲟、白鱀豚、胭脂鱼之后，长江鲥鱼也遭遇种群危机。长江大保护行动"十年禁渔"实施后，鲥鱼的生存环境大为改善，种族数量回升。

蟛蜞　滨江镇江滩盛产蟛蜞。蟛蜞形似小螃蟹，头胸甲略呈方形，大者体宽3—4厘米，有银元般大小，又称磨蜞、螃蜞。钻洞能力很强，行走速度快，长江涨潮时蟛蜞顺芦苇往上爬，退潮后蟛蜞入洞，一个洞中有几只甚至几十只蟛蜞。喜食腐殖质，多以江滩芦苇为食物，随江水进入农田也用螯足钳断稻叶吸取液汁。雄性螯足较大，雌性螯足较小，螯足没毛，步足有毛。春夏之际，螃蟹尚小，滨江镇群众捕捉蟛蜞，食其大螯，味道不亚于大闸蟹。

江水四鲜

长江全面禁渔后，滨江镇群众利用通江闸涵自流引进江水，在河塘稻田中养殖螃蟹、江虾、白鲢和斑点叉尾鮰，成为江水四

江水螃蟹（2021年）　　邵奇青/摄

鲜。江水四鲜保留了长江水产的鲜美，成为市场新宠。

江水螃蟹　滨江地区部分群众利用池塘和稻田养殖江水螃蟹，中兴村溢阳家庭农场是江水螃蟹的养殖专业户。农场坚持“绿色、自然、生态”的发展理念，严格按照无公害、绿色水产品生产要求，科学养殖、精心管理。江水养殖的螃蟹与河蟹、湖蟹相比，外形明显不同，“青壳、白肚、金爪、黄毛”，体格健壮，非常好斗。滨江地区有“一盘蟹，顶桌菜”的民谚，是说江水螃蟹味道鲜美，肉质特别滑嫩爽口，蟹膏肥厚，蟹黄鲜香，回味无穷。

江水江虾　滨江地区沿江居民有捕捞江虾放养内河稻田的传统。江虾与河虾在外形和口味上有较大的区别，江虾第二对步足比较粗大，其长度超过体长的2倍以上，虾体呈青绿色，带有棕色斑纹，外壳很薄且较软，肉质细腻味道鲜美。利用江水在内河池塘养殖的江虾基本保留了长江野生状态下江虾的风味。

江水白鲢　江水白鲢体色洁白如雪，体型狭长。与内河鲢鱼相比，没有泥土味，口味更加细、嫩、鲜，而无肥腻感。白鲢在长江中生长快、疾病少、产量高，用江水养殖的白鲢基本保留了江鱼风味。可单养，也可与江虾、螃蟹、鳜鱼及其他杂鱼混养，经济效益可观，成鱼市场需求量较大。滨江镇蒋港村成玉刚是“稻田提（江）水养殖基地”专业大户。

江水斑点叉尾鮰　1997年，泰兴市水产良种场所属泰兴市天禄珍品水产有限公司、泰兴市天邦水产公司从美国引进斑点叉尾鮰鱼种，利用长江水试养成功，继而大面积放养。斑点叉尾鮰又称沟鲶、河鲶，具有适应性强、生长快，且易喂养、肉质鲜美、口感滑嫩、无肌间刺和宜于深加工的特点。2021年繁育鱼苗3600多万尾，推广辐射养殖面积1万亩以上。每亩产成鱼1000千克—1500千克，上市规格每尾均在1.5千克以上。成鱼除部分满足国内需求，大部分远销美国等地。

滨江特产

银杏

泰兴是著名的银杏之乡，是全国三大银杏生产基地。“大佛指”银杏是滨江主要栽种品种，具有果大、仁满、浆足、壳薄、粒重、色白、味甘糯、耐贮藏的特点。1999年被昆明世博会指定为全国惟一无公害白果。2004年9月通过国家有机食品和绿色食品双认证，被国家质量监督检验检疫总局授予原产地域保护产品。2006年9月9日，“实践八号”育种卫星曾将30多粒大佛指银杏带上太空，同年12月初，从太空返回的银杏种子被带回泰兴培育。2007年4月7日，太空旅行15天后返回地面时惟一存活的一棵大佛指银杏种子长出独苗。白果药食俱佳，中医常以银杏核仁入药，熟食温肺平喘、生食降痰止咳，用于肺病咳嗽，老人体虚哮喘等。

天星秧草

秧草又名金花菜、三叶菜、南苜蓿，滨江群众称其秧草、草头等。滨江镇域南部原天星镇的群众擅种秧草，因水肥管理得当，秧草鲜嫩，口感上佳，天星秧草名气很大。泰兴群众喜食秧草，每年水稻收割后就在田头埂岸上种植秧草。深秋至翌年春天，如割韭菜般轮茬采收。滨江土地肥沃，秧草耐寒抗旱，生长于冬春没有虫害，无需施化肥治虫害，所以秧草是真正的绿色食品。秧草一般用于炒食，另外还有秧草烧河豚、秧草烧河蚌两道名菜。20世纪五六十年代困难时期，秧草是度春荒的救命草，为了保存秧草，人们还采用腌渍的办法延长秧草食用时间，咸秧草渐成佐餐小吃。

马甸香荷芋

2016年，泰兴香荷芋获国家地理标志认证，生长于高沙土地区，马甸东部农村是其重要产区之一，滨江群众称之为马甸香荷芋。马甸香荷芋旱作不浇水，芋荷硕大，芋梗青绿，芋芽略带红色，母芋及子芋表皮深褐色，质地细密，富含淀粉。以食子芋为主，子芋卵圆形至长椭圆形，微弯曲。蒸煮后香气浓郁，表皮完整不易开裂，口感微甜香糯。其中，芋头红烧肉是滨江乡土名菜。

过船菱角

滨江镇河道沟塘较多，群众素有种植菱角的传统。过船菱角为两角青壳菱，个头较大，皮脆肉美，一般分两次采收，农历七月半采收的菱角尚未成熟，生食甜脆，炒食为时鲜蔬菜鲜美可口，也可作为红烧肉或红烧鱼的配料。中秋节前后，菱角成熟，果实变硬，蒸煮后剥壳食用，粉糯香甜，亦可熬粥食用。菱角一次种植可多年收益，部分采收不及时的成熟菱角从茎上脱落沉于水底，来年会自动发芽。菱塘非常适宜混养黄鳝、河虾，经济效益较好。

江鲜美食

实施长江禁渔后，滨江镇利用人工养殖的河豚，江水螃蟹、江水江虾以及出产于湖泊、海边的刀鱼制作、传承传统的江鲜美食。

河豚系列

红烧河豚　红烧河豚是滨江镇特色名菜，其肉肥嫩、汁浓醇，味道鲜美。做法是：将河豚眼睛、内脏、腮全部去净，血水严格漂洗至清为止；将砂锅大火烧热，入油，葱段、姜片煸香，入河豚、五花肉、鲜笋片，煸透后加绍酒、酱油、绵白糖，加入河蚌、火腿、蟹黄油、母鸡块、五花肉调制的膏汤，入精盐，大火煮沸，小火焖透后收稠汤装盘。

白汁河豚　白汁河豚是河豚最原汁原味的吃法。将河豚眼睛、内脏、腮全部去净，血水严格漂洗至清为止。将砂锅大火烧热，入油，葱段、姜片煸香，入河豚、鲜笋片、火腿片、虾子，加入由河蚌、蟹黄油、母鸡块、五花肉调制的膏汤，大火烧开后放酒，煮透后加盐上桌。这样烧出的河豚皮肥肉嫩，汤汁淳浓，口味极鲜且带有野味。用河豚汤泡饭或者拌面，也是极好的。

秧草焐河豚　“秧草焐河豚”是滨江镇的招牌菜，也是典型的春季时令菜。秧草有两个用途，一是去油，二是解毒。要想做出满意的口味，可选用古老而复杂的宰杀法，把河豚从背部对半剖开，然后清除内脏，再用清水反复冲洗。这道菜要求河豚皮肉不分离，做好后的菜品形似熊掌。河豚杀好洗净之后，剪掉鱼鳍，然后将河豚放入开水中烫一下，只烫皮不烫肉，烫皮是为了去掉河豚表面黏液和腥味，不烫肉是为了保证肉质鲜嫩。烫好后，用清水冲洗一遍。烹制：先熬油，炒锅内放入适量大豆油熬至四成热，然后下入切成片的河豚肝，待河豚肝从象牙黄变成琥珀色，再放入河豚，稍微煎一下后，加入适量清水，同时加入葱、姜、料酒，盖上锅盖大火烹煮。再另起一锅放入大豆油熬热，下秧草煸炒，断生后置入砂锅内中火焖煮。待河豚煮至八成熟，汤汁呈乳汁状时，将河豚捞起，呈花瓣状依次码放在砂锅内秧草上，注入河豚原汤，淋上秘制酱料，继续文火慢炖，起锅前稍许调味即可。

左上：红烧河豚（2021年）　　邵奇青/摄

右上：白汁河豚（2021年）　　邵奇青/摄

左下：蟹黄狮子头（2021年）　　邵奇青/摄

右下：清蒸刀鱼（2021年）　　邵奇青/摄

刀鱼系列

刀鱼羹　颇具特色的滨江刀鱼羹，制作过程较繁。先将刀鱼洗净打鳞，逐条排钉于木质锅盖中部，锅内放水，扣一竹篓，篓上置一大盆，盖上锅盖，大火烧煮，水几滚后，鱼肉全部离骨脱落盆内，取出鱼刺，连原汤入锅加佐料（不用酱油），稍煮后勾微芡加味即成。味鲜，色白，嫩胜豆腐。

红烧刀鱼　先将刀鱼洗净，加料酒、盐、胡椒粉腌制15分钟。热锅入油，油六成熟时，将鱼用厨纸擦去水分，放入油中，煎至两面金黄为止。另起锅入底油，三成熟时下葱、姜、蒜末爆香，加生抽、料酒、白糖、适量水，放入煎好的刀鱼，大火烧开，中火烧10分钟，加盐、胡椒粉调味，收汁即成。

清蒸刀鱼　刀鱼很嫩，为保持鱼的完整性，一般不开膛破肚：从鱼尾一点一点把肚肠往前挤，直至内脏都从鱼鳃处挤出来，在鱼尾排泄口上端横向剪一小刀，再用牙签在切口处把剩余的肚肠挑出，然后冲洗。沥干水分后，将刀鱼排铺在盆上，均匀撒上盐、葱、姜丝、料酒，腌制30分钟。上锅大火蒸10分钟后，原味清蒸刀鱼即成。

其他江鲜菜

盐水江虾　将虾洗净沥干，锅内加水，放葱姜煮一会，在水里加料酒、盐、糖适量，再把水烧开，倒入虾子滑散，大火烧开，滴几滴油即可。最后装盘，调糖醋汁蘸吃。

爆炒江虾　将江虾洗净沥干，切适量葱、姜、蒜一起下热油锅爆炒，三四分钟后加蚝油继续翻炒。然后放入少许盐，炒干水气后即可盛盘。其鲜美可口，大人小孩都喜欢。

蟹黄肉圆　亦称“蟹黄狮子头”。选用五花猪肉剁碎，剔出蟹肉和蟹黄，将蟹肉与蟹黄分开置放，肉末与蟹肉加粉芡、佐料拌匀（蟹黄亦可与蟹肉一起放入肉末搅拌），抓成圆形平放，将蟹黄置于每个肉圆之上，以少量扁豆或青菜头相煸衬底，先大火收生，后文火焖烧，成熟上碗，色香味俱佳。

芋头红烧肉

将上好的五花肉切块冷水下锅，倒入料酒，焯烫10分钟捞起备用。将鹌鹑蛋放入锅中加冷水烧开，转中火开盖煮5分钟，过冷水剥壳备用。炒锅热油，放葱、姜、蒜、花椒、八角、桂皮煸香，放入焯好的五花肉、冰糖煸炒出油，再放入料酒、醋去腥，放入黄豆酱、酱豆腐和生抽炒上色。倒入清水烧开后转小火，慢炖40分钟后加入煮熟的鹌鹑蛋，焯过水的芋头。撒入十三香、精盐、胡椒粉等佐料，继续盖上锅盖小火慢炖15—20分钟，大火收汁呈浓油赤酱色，即可装盘开吃。

羊肉鳜鱼

将鳜鱼宰杀好，保留鱼肚鱼花。把新鲜羊肉切片（或块），加盐和料酒少许，抓匀，腌制10分钟左右。锅烧到足够热转中小火倒油，鱼擦干表面水分下锅煎。煸姜、蒜，鱼入姜蒜，随后倒入刚好淹没鱼的开水，转大火炖。同时，加入盐、胡椒粉、生抽。鱼煮开后撇去浮油，加入少许老抽提色。全程中大火约烧10分钟，其间鱼无须翻面，用汤勺经常性地浇汁即可。10分钟后转小火，将羊肉片（块）下到鱼汤中，再转大火烧2—3分钟，最后撒大蒜段关火起锅。新鲜羊肉的“嫩”与鳜鱼汤汁的“鲜”充分融合，产生了“鱼”“羊”为“鲜”的绝佳口感。

春拌

春拌是滨江镇迎春宴饮中的一道菜肴。食材有：冬笋片、大虾、瘦肉丝、蛋皮、金针菇或平菇、面筋（俗称“猴子肉”）、木耳、黄花菜、粉皮、螺丝头，茨菰，韭黄、姜丝等。

左上：芋头红烧肉（2021年）　　邵奇青/摄　　左下：红烧黄鳝（2021年）　　邵奇青/摄

右上：羊肉烧鳜鱼（2021年）　　邵奇青/摄　　右下：清炖甲鱼（2021年）　　邵奇青/摄

制作方法：区别菜料生、熟、嫩、老，先后下锅炒拌，要求调味适宜，火候得当，熟后装盘，淋以香油，洒以白胡椒粉，具有多味混合、诸色鲜艳、清新爽口、色香宜人的特色，为滨江地区老少咸宜之民间传统佳肴。

红烧黄鳝

滨江水乡盛产黄鳝（俗名长鱼）。黄鳝有野生与养殖之分，以野生黄鳝为上。黄鳝素有“水中人参”之称，营养十分丰富。黄鳝可制作出很多菜肴，一般有黄鳝羹、红烧黄鳝段、蒜苗黄鳝段、糖醋鳝鱼、山药鳝鱼段、火腿炖黄鳝、黄鳝烧冬瓜、剁椒炒单背、水煮鳝鱼段，也可制作鲜美的“回素汤”。鳝鱼骨可油炸，既香且脆。鳝鱼烧法：鳝鱼去内脏洗净。用开水过水，去掉表面黏膜，切段备用。炒锅放油，爆香葱、姜、蒜，加入辣椒和花椒爆炒。加水、白糖、蚝油、白酒、生抽，煮开后放入鳝鱼段。焖烧2—3分钟，少许生粉勾芡，即可装盘。

生炒蝴蝶片

配料：黄鳝、洋葱、红椒、姜、葱、蒜、料酒、老抽、白糖、盐、淀粉、胡椒粉、花生油、香油，将黄鳝去内脏，剔鱼骨、去头尾，洗净沥水，斜切成薄片，形似蝴蝶，故名蝴蝶片。洋葱少许切片，红椒切块。制作方法：热锅加油至七八成热，将鳝片入锅，迅速滑熟倒出，又将洋葱、红椒过油铲出，锅内留少许油，放入姜、葱、蒜煸香，加料酒、盐、白糖、胡椒粉、老抽、水，再将鳝片入锅翻炒，使之入味，后用湿淀粉勾芡，加入洋葱、红椒、淋上香油出锅装盆即可。其特点色泽红亮，鲜嫩味美。

清炖甲鱼

清炖甲鱼是一道特色传统名菜，在诸多菜系中均有出现。特点是肉滑嫩不腻，汤汁新鲜，香醇，为上乘滋补佳肴。净锅添油烧热，投入葱、姜，放入甲鱼块，随即烹入绍酒，略煸后倒出洗净，菜心、冬笋焯后待用。将甲鱼按其形摆入汤盆，然后再放入鸡腿、香菇、葱姜及清水，加精盐，封口上笼炖至熟烂，取出，去掉葱、姜、鸡腿，取出香菇和火腿待用；将原汁滗入锅中，定好味，浇甲鱼内，用火腿、冬笋、香菇、菜心作点缀。

红烧河鳗

滨江居民食用鳗鱼均在秋季，因为秋季是鳗鱼最肥美的季节。其做法是：准备好大蒜头、小葱、生姜片，将河鳗内脏掏干净，身上洗洗干净。准备80度左右的热水浇一下河鳗皮，去除身上一层黏液。如果热水没有烫下来，就用刀慢慢刮，刮净后切段。锅中倒油煸蒜头，其他配料都下，然后放河鳗翻炒。倒入生抽、老抽和蚝油后继续翻炒，倒入水，烧开后放冰糖。继续小火焖煮20—30分钟，出锅前收汁后加入水淀粉勾芡，出锅即可食用。

螃蟹拖面

螃蟹拖面是秋季滨江老百姓餐桌上常见的一道美食。其做法是：将螃蟹用刷子刷干净，把蟹对切，去鳃、去底、去胃。在面粉里放一个鸡蛋，用适量清水调成面糊。锅里油热，放一调羹面糊，放半只螃蟹。把面糊裹住螃蟹，盛出放入大碗。将全部螃蟹放入锅内，加糖，盐，姜，蒜、料酒、鲜抽和清水，大火煮8分钟。再加鸡精、葱花，煸匀即可食用。

糕点名吃

滨江年糕

年糕谐音“年高”，寓意着新的一年“步步高升”，为滨江农家过春节必备之年货。蒸年糕作为传统饮食技艺，至今传承不衰。先将糯米和粳米按三七（或四六，或五五）比例碾成米粉，准备略小于草锅的“结克”（形如底小口大的圆木盆，盆底凿有略大于蒸子小圆口的木制专用工具）、蒸子（高约8寸左右，上下口直径分别为5寸、3寸左右的木制专用工具，蒸子底部有一块铸有5孔的活动铁板，名蒸花）、豆秆（或柴火、枝条），以及毛巾、高粱棒、米筛等。制作时，将“结克”倒扣于锅上捂实；在蒸子内壁抹少许食用油；将米粉调匀，用米筛搓擦滤筛；筛下的米粉铲进蒸子；打“花”（分别从蒸花五孔用高粱棒向上戳至五分之四、五分之三处，以打开蒸汽上升通道）；始终保持水沸腾状态；蒸子放进“结克”上端洞口，用毛巾捂严；待蒸气贯顶，米糕不沾棒时端出蒸子，磕出米糕。米粉里还可放拌了白糖的猪油块或去核蜜枣、葡萄干等，使蒸出的米糕具有不同口味。

涨烧饼

每逢中秋佳节，滨江镇乡间有用涨烧饼祭“月神”的习俗。1940年黄桥战役时，滨江人民奋力支前，“涨烧饼”亦曾立下不朽功劳。滨江人视涨烧饼为“家乡的烧饼”，既在唇齿间留香，更在记忆流芳。涨烧饼做法是：用酒酵水（早前用已经馊了发酸的稀粥和面发酵，捏成“酵种”）和面成团，发酵。待酵面涨到一定程度，在锅中刷少许食油，撒上芝麻，待锅烧热后，倒入酵面，用铲蘸水推圆，上层撒上芝麻，盖上锅盖文火烧，酵面受热后缓慢上涨。待饼底略呈焦黄后，翻转饼身再烤，至两面焦黄方成。成品涨烧饼如两盘相扣，中厚边薄，切片食之，内部软而松，外壳脆而香。

光油烧饼

光油烧饼制作方法为将面粉调成面糊状，稀稠适度，将草锅烧热后以些许油抹锅，倒入适量面糊，迅速用铲子背面带动面糊沿锅面旋转上升，动作要稳准快，烧饼成形后，用文火慢慢烘烤，片刻便松脆无比。接着有两种做法：做甜烧饼则放油、放糖，把油、糖自下而上括匀；做咸烧饼则放油、葱花（或切细的韭菜）、盐，刮匀。如配以粯子粥吃，那不啻是一次舌尖上的盛宴。

茄子饼

茄子饼是用茄子、猪肉、鸡蛋、韭菜为主要食材制作而成的美食，是滨江人夏季常见晚饭主食。其制作简单，营养丰富，深受大众的喜爱。制作茄子饼有四个步骤：先把茄子切夹片（形似夹馒面皮），然后做馅（肉适量，剁成末。韭菜适量，切碎）；将韭菜和肉末一起翻炒，放盐、料酒、少许生抽，至八成熟后使之冷却；调面糊，将鸡蛋打散，加入面粉和水调成糊状；炸饼，将馅填入茄片裹糊后，放入油锅中两边炸至色泽金黄，出锅即成。

虾饼

虾饼，是以生虾肉、面粉为原料制作的一道菜品。初夏时节，江虾产籽，虾肉特别肥嫩饱满。临江的村民会在空闲的时间到江滩中的池塘和水沟中摸虾。将摸回的虾洗清，再用剪刀剪去虾头和虾尾部分，与面粉一道和好，待锅中油热，舀取适量带虾的面糊下锅煎成两面金黄的饼即可食用。虾饼既脆嫩又有虾肉的鲜味，是一道广受欢迎的小吃。

蟹黄汤包

蟹黄汤包为滨江镇境域传统小吃，以其皮薄汤多、鲜美可口而闻名。蟹黄汤包的制作原料十分讲究，有活大闸蟹、母鸡、猪肉皮、高筋面粉等。蟹黄汤包的制作工艺比较复杂，其中馅料采用脂多膏黄的大闸蟹，熬制出金黄的蟹油，一起包到汤包里。整个汤包汁水充盈，螃蟹独特的香气四溢，味道醇厚。蟹黄汤包的吃法讲究，喝汤包，汤汁浓郁鲜香。

扁食（馄饨）

扁食可以是家庭小吃，亦可为饭店之佳肴，在时间的沉淀下愈发香醇，是滨江人喜爱的美食之一。扁食的美味主要在于馅儿的调制。馅儿花样繁多，常见的有青菜猪肉、荠菜猪肉、芹菜猪肉、菠菜猪肉、豇豆猪肉、香菇虾仁等等。扁食各种馅的做法都差不多。买新鲜蔬菜，去根拣叶洗净，放进开水锅里烫一下即捞出，剁成菜末，放入布袋挤干水待用；将新鲜猪肉剁成肉糜，加上食盐、葱、姜、蒜、鸡蛋后，与菜进行充分搅拌，馅儿即成。扁食成形：把馅置于面皮中，然后一折，使面皮两边重合，再两边一翻转，捏合，一只酷似耳廓的扁食就形成了。食用时可做浇头，或用麻油酱汁蘸着吃。

手擀面

手擀面是滨江人家的主食之一。在滨江人眼中，机器面远不及手擀面的软和爽口。手擀面制作程序是，将面粉加水调制成面团，放30分钟左右备用。取面团，放于案板上，用擀杖向四周用力擀压至片状。待面块擀到圆片状时，把面皮卷在擀杖上，用手反复向前推擀，为防面皮粘棒，不时将面皮展开撒扑些面粉继续推擀，如此循环往复，直至将面擀成所需要的厚度为止。将擀好的面皮折叠，切成细条状。锅中水烧开后放菜，加盐、油，沸后下面条，盖锅烧至再沸腾。最后用自制老酱加上大蒜叶炸油，舀些许碗中，即可食用。

喜雨（2015年）　　顾伯章/摄

9 民俗风情

滨江镇民俗谐和，风物嘉美。千百年来，勤劳勇敢的滨江人民“人相习，代相传”，形成了自己的习俗。境域历来强调务本重农，耕织唯勤；尊老爱幼，不事奢靡；和气诚信、民风敦厚，尚礼仪、笃交亲、重祭祀。与此同时，记录生产生活方式、文化理念，蕴藏着民间文化基因、精神物质、价值观念、心理结构、气质情感的传统文化、地名故事和历史传说，也是滨江人民宝贵的精神财富。这些富有特色、斑斓多彩的民俗风情和传统文化在历史的长河中逐渐沉淀下来，犹如陈酿，滋味醇厚，令人回味无穷。

方言俗语

滨江镇地处泰兴西部长江沿岸，与泰兴方言一致性很强。滨江镇方言属于江淮官话泰如片，但受吴方言影响较大，保留较多吴方言的语音、词汇，被称为泰兴方言中的“西乡话”，在语音上最明显的特征是平舌音较多，很多卷舌音被平舌音代替。

方言词语

倷——你
伲——我
太太——曾祖父、曾祖母
老老——祖父
大妈——伯母
拜拜——姑母
婆老爹——外祖父
婆奶奶——外祖母
男将——丈夫
女将——妻子
杲昃——东西
日中——中午
眼热——眼红
关会——叮嘱
岔嘴——插话
岔气——节外生枝
参商——吵架
作气——生气
眯麻——拖沓
刷括——麻利
嘴泼——不挑食
出霍子——出错
打等——停留
亮星——明月之夜
落头——地方
早起——早晨
跟朝——今天
门朝——明天
后朝——后天
继手——反手
油皮——表皮
霍泡——起泡
踏步——台阶
昂烟——冒烟
百脚——蜈蚣

鲫壳子——鲫鱼

鲶滑子——鲶鱼

轻骨头——轻佻

不治事——无能

抬石头——凑份子

带夜作——加夜班

半桩子——青少年

搅三牵四——乱七八糟

淡叽挖煞——淡而无味

谚语

好茶不怕细品，好事不怕细论。

不经冬寒，不知春暖。

从小一观，到老一半。

老马识路途，老人通世故。

多锉出快锯，多做长知识。

发回水，积层泥；经一事，长一智。

不怕别人瞧不起，就怕自己不争气。

善恶不同途，冰炭不同炉。

一勤生百巧，一懒生百病。

心大过不了洋思港。

生意不成仁义在。

勤烧香不如敬爹娘。

柱正不怕壁歪，旺火不怕湿柴。

造房要余地，做人要余情。

稻田水多是糖浆，麦田水多是砒霜。

人靠饭养，稻靠肥长。

三年不选种，增产要落空。

好儿要好娘，种田要好秧。

清明要明没得明，谷雨要雨没得雨。

清明晒得杨柳瘪，有一斗大麦磨一斗屑。

菜籽尽花，跑路不能拢人家。

十月中，梳头吃饭都是工。

冬前三步雪，庄稼稳似铁。

底肥不足苗不长，追肥不足苗不旺。

清水下种，浑水插秧。

人在屋里热得跳，稻在田里哈哈笑。

做瓦靠坯，种红薯靠灰。

选种没有巧，颗大穗圆粒粒饱。

种麦种到三十夜，三交垩本一起下。

日出胭脂红，无雨也有风。

日落西北满天红，不是雨来就是风。

东方日出白，就要有风发。

要知明天热不热，就看夜星密不密。

乌云接日头，半夜雨稠稠。

天上起了鱼鳞斑，明天晒谷不要翻。

东南风，干松松；东北风，雨祖宗。

东风急溜溜，半夜雨稠稠。

五月南风落大雨，六月南风海要枯。

春雾凉风，夏雾雨，冬雾雪，秋雾井底干。

九月东风三天半，正月东风等不到暗。

八月十五云遮月，正月十五雪打灯。

重阳无雨望十三，十三无雨一冬旱。

雨中闻蝉叫，预告晴天到。

雷打立春节，惊蛰雨不歇；雷打惊蛰后，低头好种豆。

小暑一声雷，黄梅倒转来。

早雾一散晴天来，早雾不散是雨天。

四月芒种雨，五月无焦土，六月火烧铺。

顺口溜

凉月子巴巴，照见他家，照见伲家，照见家家，他家有个兔兔，偷吃伲家豆豆，拿棒啊打他，告诉啊姐姐，姐姐把手摇摇，给我一块糍粑。凉月子巴巴，照见他家，照见伲家，照见家家，他家有个哥哥，抱走伲的姐姐，拿棒打他，告诉妈妈。妈妈点头笑笑，骂我是个傻瓜。

六月六，晒红绿；六月六，洗头白；六月六，吃块焦屑养块肉。

噼噼拍，噼噼拍，大家来打麦，麦子好，麦子多，磨面做馒馒。馒头甜，馒头香，从前地主吃，现在自己尝。感谢毛主席，感谢共产党。

流行歌曲有听头，文艺节目有看头；我老头虽然白了头，也是剪的小平头；西装革履有噱头，整天钥匙挂心头；幸福生活有过头，更好的日子在后头；小康生活思源头，不忘共产党是咱们的头。

村容整洁靠大家，彻底改变脏乱差；河水清清树成行，垃圾进箱不乱放；路道全部硬质化，交通便捷人人夸；人与自然共发展，生态平衡好处显；庭院花卉是景点，美化环境无污染；空气新鲜好处多，健康长寿乐呵呵。

生产习俗

每年端午节前后，农民开始浸稻种做小秧田。芒种前后“三麦登场，老少低头”，各农户强劳力收麦翻耕，车水灌田。

清代及民国时期，泰兴常泄淮水，水位较高，境域排灌主要以木质水车为主。车水时为鼓舞斗志，人们常歌车水号子以驱疲劳。如车水量大，则分上下班，歇人不歇车。为使劳动量大致相等，在水车主轴固定一棒，另用细棒固定一线轴，车水时轴转线绕，一卷或两卷线绕结束便轮下一班。中华人民共和国成立后“断淮引江”，水位趋低。农业合作化后人力车水渐被淘汰，代之以抽水机排灌。

20世纪60年代前，稻麦脱粒以人工在田头掼打为主，间以谷场连枷拍打、牛拖碌碡碾脱。以后，多以人工掼打、踩踏打稻（麦）机脱粒或拖拉机磙碾打场。

过去境域农事活动中，敬土地神是主要祭祀之一。每逢过年，每月初一、月半，或遭蝗灾，或到收获季节，乡间耆老便率众去土地庙烧香拜佛，祈求土地这个“福德正神”保佑地方上六畜兴旺、风调雨顺。人民公社化后，此俗渐废。

滨江民间砌房盖屋为百姓一生大事，人们颇为重视，其礼仪程序较多。“选宅基”亦称“择地”，宅向一般以背阴面阳，正南偏东为上，除祠堂庙宇之外，一般不在子午线上（面向正南）造屋。建房期间，主家每天供给工匠饭食烟茶，还须正式办酒3次：开工酒、上梁酒、结工酒。

上梁须选吉日良辰进行，前晚先暖梁，亦称贺梁。在主梁正中贴上用红纸写的福、禄、寿三个大字，在竖柱、墙壁贴上红条幅祝福语。时辰将到，主家手持斧头与酒壶分别送木、瓦二作头，口称“请二位师傅上梁”。木工站上首，瓦工站下首，接过斧头与酒壶，开始浇梁，口说祝词，俗称“说鸽子”。浇梁完毕，吉辰一到，鞭炮齐鸣，木瓦作头登上扶梯，口中念念有词。完毕，向下撂馒头，亲友纷纷争抢，希沾喜气。上梁结束后，木瓦作头吃面条早餐（有“上梁圆子下梁面”之习俗）。中华人民共和国成立后，建房习俗由繁到简，但选宅地、择吉日、动土、上梁等仍延续至今，只是有些环节略有变化。

生活习俗

服装　境域内居民衣着“甚尚俭朴”，清嘉庆后“渐染华靡”。富家男子着长袍、马褂，头戴黑瓜皮帽；妇女穿高领、代斧头（谐音，代富）宽袖大襟衣裳，下系腰裙。一般人以短衫为主，下穿扎脚管裤。民国时期，男性以长衫为常服，冬着棉袍，春秋穿夹袍，夏着单长衫。农民多着对面襟短衫加折腰裤，冬天外加套裤，裤管用寸半阔的黑带缠扎，衣料多为土布。农家妇女外出时，则多系一条长至脚面的青布缠裙（腰裙）。

中华人民共和国成立后，男女先后穿过中式褂裤、列宁装、中山装等，质地以单、双卡、斜纹布等棉布为主。20世纪60年代，服装款式比较单一，男以中山装为主，色调以蓝色和藏青为大宗；女以对襟或右襟中装为主，外加花布罩衫。“文化大革命”期间，绿色军服最为时髦。

1978年改革开放后，服装花式不断翻新，中山装、西装、滑雪衫、牛仔裤、T恤衫以及各种夹克、裙子众式纷呈，尤以儿童、女性服装鞋帽为最，多姿多彩，争妍斗艳。进入21世纪，服装更加丰富多彩且显示个性化，人们普遍喜棉织品，老者服饰亦以红色为时尚。

饮食　滨江镇历史上生产稻、麦，但旧社会人民生活困苦，勉强维持生计，一日三餐多为稀饭，早晚粯子粥（大、元麦粉粥），中午酸粥、酸汤面（即菜粥、菜面）。农忙时三餐以外再增添二餐，即“早茶”和“晚茶”，多为焦屑（炒麦粉）、摊烧饼（类似烙饼）等食物。集镇居民，早晚粯子粥，中午大米饭，菜肴以自产的青菜、豆腐、咸菜、萝卜干为主。少数富户常食鱼肉江鲜，并有嗜酒和饮浓茶者。至20世纪70年代，百姓三餐仍以稀饭为主，但逢年过节，人来客往，农户桌上已渐有鱼肉禽蛋。

1978年改革开放后，农村饮食日渐丰富，中午或米饭或面食，餐桌上荤食比重也日渐见长。进入21世纪后，农家衣食丰盈，早有早点，晚有夜宵，中午菜肴考究几菜一汤，荤素搭配，营养均衡。年轻人则多喜一稀二干，即早上稀饭，中午和晚上米饭。不少家庭早上以牛奶代稀粥，佐以糕点食之。

出行　旧时出门办事，人们以步行为主。稍远的路程，妇女因裹脚难以前行，便用独轮推车，以车代步。外出远门首选客船，早期是人力背纤，或靠风帆推行，以后发展为汽轮机动力和柴油机动力，俗称快船、小火轮。

中华人民共和国成立后出行条件逐步改善，至20世纪七八十年代购买自行车者日增，一般为上海产“永久”“凤凰”牌和无锡产“长征”牌，其中前两者曾经是紧俏商品。八九十年代，交通工具又有新的发展，摩托车成为新潮，还有老年人使用的小三轮车。90年代后，随着经济社会的不断发展，摩托车、电瓶车和轿车、面包车、货车相继进入普通百姓家庭。同时，人民群众消费投入逐步转向旅游业，男女老少经常出外旅游，就连耄耋翁妪都自发组织“香缘游”，包船包车上苏杭、走普陀、游北京，饱览中国河山大好风光。

礼仪习俗

婚嫁　婚嫁是人生大事，历来十分重视。旧时结婚，女方先送庚帖，将女儿“年庚八字”（出生年、月、日、时辰）写在红纸上，由媒人送与男方。男方即请算命先生推算八字，合则议婚，双方互访对方家世及男女个性人品，如有意向，便安排男女初次见面。双方访察满意，女方提出彩礼数量，由媒人与双方反复协商议定，男方给女方送去首饰、衣料、现金，男方宴请媒人和女方客人，是谓订婚。随后男方选定婚期，征得女方同意后，男方“请媒人”（一般农历八月初二），正式向女方传递婚期信息，是谓传日帖。

结婚正日，男方雇花轿迎亲。新娘上轿后，女方有女青年亲戚随轿而行，名曰“送亲”。男方有几位青年亲戚在半途迎候，名曰“接轿”。新娘至男方下轿，请两个子孙满堂的全福奶奶搀扶进门，名曰“搀新娘子”。然后举行“拜天地”“坐富贵”等仪式，结婚礼成。婚后第二天，新媳妇对男方长辈行拜见礼，平辈行见面礼，长辈赠予金钱或贵重物品作见面礼，称为“叫钱”。婚后第三日，新人“回门”，会见女方亲友，仪式与男家同。1931年后，境域一般将结婚、回门在一天内完成，名曰“一天圆”，虽然略感时间紧迫，但可节约大量时间和大笔费用。

1978年改革开放后，婚俗发生很大变化，自由恋爱多，婚前拍结婚照。结婚正日前夕，男方设宴款待媒人，名曰“待媒”（自由恋爱的男女也聘请媒人，以示明媒正娶）。正日早上，媒人与新郎接新娘，女方的亲友、邻居聚在一起，向媒人要喜烟、喜糖，意为“沾喜气”，俗称“扣媒人”；新郎与新娘见面，要给“开门喜钱”。午饭后，新郎接新娘回家。吃过茶，新郎新娘再去女方家，此行称“回门”。晚上，男女双方的亲友欢聚一堂，多在酒店举行婚宴。

做生日　此习俗沿袭已久。小生日全家人吃面以祝长寿。逢十生日称大生日，亲友送贺礼，主人设宴款待。改革开放之前，做寿之举甚少，即使有人做寿，礼仪亦简。至20世纪80年代，庆寿之举渐盛。长者做寿，仪式尤为隆重：至亲们早早准备礼担，蒸糕（现时多以蛋糕代之）、裹粽子、包圆子（取

“高中三元”之意），还有寿面、鱼肉、美酒、礼品、贺钱等。寿辰中午吃长寿面，晚上主家在家中或酒店大宴宾朋，燃放烟花爆竹。席间，客人们分批次向寿星敬酒，举杯共祝寿星“福如东海，寿比南山”。

岁时节俗

民俗年味浓
花式闹元宵

春节 大年初一俗称“过年”。滨江群众从午夜零时到上午9时左右，家家燃放鞭炮，喜迎新春。清晨主人早早起床，点起大香高烛，跪拜神灵。起床后人们身着新装，晚辈挨个向尊长拜年。早餐吃蒸糕（步步高）、枣子茶（甜甜蜜蜜），有些农户吃夹生米饭（“饭生”为“翻身”谐音）。吃过早饭后三五成群结队到左邻右舍以至整个村庄拜年，口诵祝词，祝愿亲朋好友新年身体健康。家中来客，主人则敬烟倒茶，并待以糕点、糖果、枣子茶（俗称“元宝茶”）。中饭后或听人唱书，或聚集打牌。富裕人家在初一晚上用竹竿挑起一盏或一串红灯，竖于天井内，称为“点天灯”，每晚红灯高照，至正月十八日“落灯”。

正月初五 为财神生日。零时起，家家户户放爆竹迎财神，直至中午。传说敬财神早方能迎到财神，才会生意兴隆，经年大发，所以敬财神又叫“抢财神”。此日商店开门营业。

正月十四 为元宵节“试灯日”，亦称“高灯”。晚上吃过圆子，儿童们即点亮各式灯笼，沿途边跑边唱，顷刻聚起十几盏、几十盏灯，排成一条长龙。青年人则燃起秸秆、麦草或竹篾扎成的小捆，在旷野中“舞火把”，玩的品位较高的要数“放飏灯”。如此一直持续至十八日“落灯”。

正月十五（元宵节） 正月是农历的元月，古人称夜为“宵”，所以把一年中第一个月圆之夜（正月十五）称为元宵节。不少村庄自发组织耍龙灯、舞狮子，也有人入城逛商店，进寺庙，妇女于此日回娘家，小孩拜干娘，年轻人则聚在一起打牌取乐。是日有不少地方言行举止有禁忌，与正月初一同。

正月十八 是日收藏灯笼，称“落灯”。中午一般吃面条，有“高灯圆子落灯面，今天吃过望明年”的俗谚，意为年节结束，生产劳动就要开始了。

二月初二 “二月二，龙抬头”。此日又称春耕节、农事节、青龙节、春龙节。这天有接初嫁女回娘家习俗，民谣云“二月二，家家人家带女儿，不带女儿是穷鬼儿”，如今境域有些地方仍有此习俗。

清明节 节前数日，子女为祖先修坟、加土，清除杂草，清理祖坟。早上，滨江群众采集杨柳叶，切碎，与螺蛳头和在一起拌面作饼，传说食之可以祛病免灾。用煮螺蛳的水洒向墙壁和阴暗角落，并用红纸条写上

“清明送百虫，一送永无踪”贴在墙上，据说可禁百虫。中午烧纸敬香，祭拜先人。中华人民共和国成立后，机关、学校以及其他企事业单位组织干部、师生、员工去泰兴烈士纪念堂或杨根思烈士陵园、中安轮烈士纪念广场等地祭扫，纪念革命先烈，接受革命传统教育。

端午节　又称端阳节，家家在门框上插艾叶、菖蒲，驱除蚊蝇，在屋梁、门上贴“符”，称可镇鬼魅。孩子们戴“端午景”，扣五色条，穿虎头鞋。早晨家家吃粽子纪念屈原，中午备鱼肉菜肴，饮雄黄酒（据说喝了此酒可防蜈蚣、蝎子、壁虎、蜘蛛、蛇等五毒）。是日，境域马甸一带有赛龙船、“抢标”等水上游乐活动。

中秋节　俗称“八月半”，滨江在外工作人员往往回家团圆，至亲厚友互赠月饼，家家户户包馒头、做涨烧饼。晚间全家吃“圆子”（团团圆圆），晚饭后主人燃香点烛，以涨烧饼、月饼、石榴、菱、藕、柿子等装盆祀月，一家人赏月聊天。

腊八　十二月初八称为“腊八”，中午吃腊八酸粥，酸粥里有芋头、南瓜丝、干豇豆（扁豆）、山芋干、花生米、红小豆等。旧时寺僧亦在此日以腊八粥赠予施主，用料有莲子、栗子、白果、枣子、桂圆等八珍。

廿四夜　农历十二月二十四，农家房舍掸尘，洗涮被褥，做“过年”准备。傍晚时分点烛敬香，送灶神上天，接玉帝下界。送灶神用灶糖上供，认为灶糖粘且甜，可粘神嘴，希望灶神“上天言好事”。这一天玉帝下界巡视人间，家主在箸笼中多放几双筷子，传说让玉帝见家里又添人丁后，来年多给口粮，即赐五谷丰收。

除夕　白天家家户户贴春联、年画、挂络（俗称“喜钱”“喜笺”），晚上全家欢聚一堂吃“守岁酒”，开怀畅饮。晚饭后请菩萨，接灶神，打石灰印（俗称“打囤子”）。此夜全家伴灯而眠，俗称“守岁”。其中贴春联、放鞭炮、吃“守岁酒”、长辈给晚辈发守岁钱等传统习俗，代代相传。20世纪80年代后守岁方式更趋多样化，吃完守岁酒，人们各取所好：或收看春节联欢晚会，或发信息拜年、抢红包，或相约打牌、打麻将，或尽情玩游戏。初一零时一到，家家燃放爆竹迎新年。

传统技艺

刻纸

滨江镇有春节张挂喜笺传统。喜笺一般用红纸刻成，有4开、8开、16开、32开、64开、128开不等，贴于厅堂、门窗、神龛、灶头、牲口栏厩等处和家前屋后栽种的银杏树等果树树身。喜笺式样为长方形，上空天头、下刻璎珞，中间刻有福、禄、寿、喜、财等吉祥字样。周围刻网格图案，一般用古铜钱、“万”字不断头、“寿”字连寿字等。中间大致有龙头、凤凰、如意、万年青、麒麟送子、鲤鱼跳龙门、福禄寿三星、天官赐福等吉祥图样。2000年后，境域内仍挂喜笺，但多为印刷品。

雕花板

中华人民共和国成立前，滨江镇殷实之家讲究家具风格，太师椅、茶几、八仙桌、衣橱等都装饰有木雕花板，以显富足尊贵。花板题材有龙凤呈祥、松鼠葡萄、麒麟送子、五福临门等，一般选用木质好、密度高的木料做花板，最好是榉木，也有槐木。主家自备木料，雕匠上门制作，一般采用浮雕与镂空雕刻相结合。20世纪80年代，雕花“大圆门床”曾风靡一时。90年代后，流行商品家具，婚床及家具都在家具店购买，雕花圆门床、桌椅等逐渐淡出人们的生活，木雕艺人多转向雕刻工艺品。

箍桶

箍桶技艺是木工技艺的一种，“箍桶匠”亦称“细料木匠”。20世纪80年代前，农家的粪桶、水桶，姑娘出嫁必备之马桶、澡盆、脚盆，食堂的饭桶、舀水的挽子，渔夫用梭子桶、送鱼苗用园桶等都由箍桶匠制作。箍桶材料与工具有木料、铜（铁）箍、紫铜环、锯子、斧子、凿子、刨子等，工艺流程有选料、开料、制作、油漆等。90年代后，木制农具、家具及生活用具多被塑料制品取代，箍桶技艺几近失传。

酿酒

滨江镇地处江边，水气较重，当地群众素有饮酒驱除寒湿的传统，多数家庭有酿酒习惯。酿酒按“作”计算，每作用粮175千

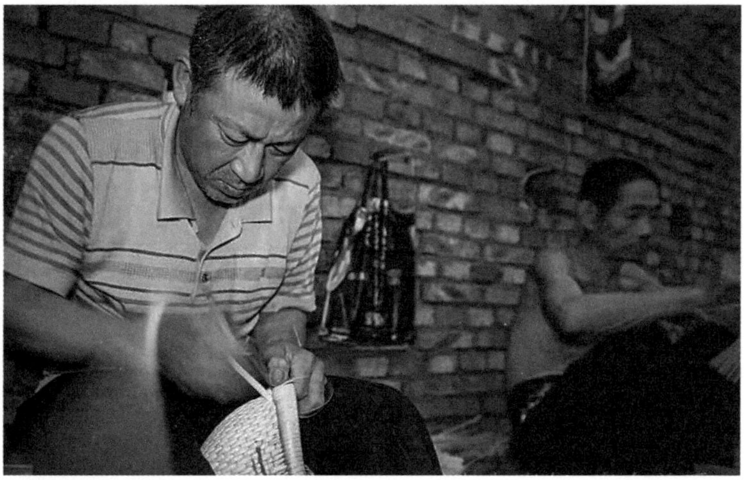

藤编（20世纪80年代）　　顾伯章/摄

传统篾编（20世纪80年代）　　顾伯章/摄

克。最初多为小麦酿制，后改为小麦配稻谷，也有用高粱、荞麦等。酿酒的工艺流程：按1:2比例，将稻谷和小麦置锅中煮至开花，捞起晾翻，感到不烫时拌“药子”（发酵用的酒曲）拌匀后置于干净场地，再透翻3—5次，然后装进大缸，浸泡于清水中，水量“寒一巴掌夏一拳”（指水高出粮的尺寸）。5—20天后下锅煮，用蒸馏的方法筛出白酒，制作的白酒精度约55度。

柳编竹（芦）编

滨江镇江滩河岸曾遍植杞柳，阻挡水流，保持水土。盛产杞柳带来了柳编业的兴盛。先将柳条去掉柳皮，继而用火烤方法制成各种骨架，再进行手工编织，最后在柳条上刷清漆，防旧防老化。主要制作椅子、花篮、箩筐、笆斗等。

滨江镇盛园竹、毛竹、芦苇，可制作簸箕、竹帘、篮子、囤粮芦结等。以竹编为例，先准备劈刀、刮刀、篾针、锯子、尺子、罗铲、竹板、劈篾机等工具，经过锯竹材、开竹条、竹片打孔、竹片磨砂、抛光、水煮，晾晒、上蜡工艺，再后编制成器具。

进入21世纪后，从事柳编、竹编的匠人已经很少，柳编、竹编技艺悄然失传。

扎灯笼

扎灯笼是滨江镇一项传统技艺，制作过程是将小青竹或铝丝折成各种物体骨架（如六角形、圆形、兔形、鱼形）。灯笼底部用一根细棒连接到骨架，棒中间位置固定一颗小钉（插蜡烛用）。用糨糊将彩纸糊上骨架，晾干。如果扎制的是动物灯，最后用彩笔在灯上勾出眼、鼻、耳等。

灯笼用芦苇秆或细竹枝扎制，后发展为用竹篾或铁丝。按境域民间传统，每年元宵节晚上孩子们手提灯笼，成群结队遍游村舍，沉寂村庄成为一片灯火世界。

银杏嫁接

银杏树嫁接是技术含量较高的传统技艺，20世纪80年代，境域银杏树有“摇钱树”之称，农家家前屋后都有几棵、十棵乃至几十棵银杏树。银杏嫁接时间，从早春解冻后至发芽前后均可。从节令来说，清明前15天至清明后5天内嫁接成活率最高，秋季（8月份）枝接以枝条半木质化为好。嫁接方法：劈接，劈砧木—削接穗—插接穗—包扎。切接，切砧木—削接穗（要求削口平滑）—插接穗（动作快、缝口紧密）—包扎。插皮接，削砧木—削接穗—插接穗—包扎。嫁接成活后，及时进行除萌、松绑等管理。

劳动号子

20世纪80年代前，每逢农忙时节，滨江境域内田头渠边号子嘹亮，号子有挑担号子、筛花生号子、车水号子、栽秧号子、耥耙号子、打谷号子、推磨号子等。其语言由打号子人根据劳动特点即兴发挥，随手拈来，信口而唱；声音有领有合、粗犷洪亮，节奏抑扬顿挫、刚强有力。

挑担号子　滨江镇农村以稻米生产为主，从播种、插秧，经田间管理（耕耘、秧、薅草）直至收割的长时间单调劳动中，人们就用号子来提神解闷，鼓舞劳动情绪。如：

哎嗨—奥又巴上

丫来嗨—奥又巴桑

来又嗨嗨—咾浩奥

筛花生号子　滨江镇境域一般中秋节前后开始收花生，收获时必须将花生地里的沙土筛一遍，才能将其颗粒归仓。在劳动中为了加油鼓劲，往往是边筛边喊号子。一般是一人领唱，其余人合唱。如：

领唱：嗨……要打号子要好声，大姑娘绣花，

众唱：咳咳呀咳呦呦哼拉八呀咳要好针，咳咳呀哈嗨……

领唱：嗨……太阳一出满天红，秦琼卖马，

众唱：咳咳呀咳呦呦哼拉八呀嗨转山东呀，咳咳呀哈咳……嗨……自从卖去黄骠马，五湖四海咳咳呀嗨嗨呦，哼拉八呀嗨……嗨嗨呀访英雄。

号子不打忘不掉，荒田不耕草盘棵。

号子不打忘不掉，荒田不耕草盘棵。

一月夫妻蔡伯偕，二月新婚两分开。

三年旱荒不下雨，四面八方化钱财。

五娘苦把糟糠度，六旬父母土中埋。

七尺青丝街上买，八幅罗裙堆土立坟台。

九（久）要上京寻夫主，十（实）亏恩公情广才。

车水号子　车水是滨江镇境域以前十分繁重、单调的重体力劳动，一般是四人（或

二人）双脚踏着水车，边踏边唱，一人领唱，众人附和。如：

领唱：太阳一出一点红，眉毛弯弯像把弓，仙桃好吃树难栽，山歌好唱口难开。

众唱：嗨嗨呀，嗨嗨呀……

领唱：嗨……一里长亭孟姜女，千里迢迢

众唱：哈哈儿嗨唷好儿哼嗨咳送寒衣，嗨嗨唷好儿哼，哈哈儿嗨呀唷好儿哼，嗨咳送寒衣

领唱：嗨……伍子胥把昭关过，一夜愁成

众唱：哈哈儿嗨唷好儿哼，嗨咳白胡须嗨嗨唷好儿哼，哈哈儿嗨，唷好儿哼，嗨咳白胡须。

打麦号子　滨江镇境域麦子收割后，把麦捆成一个个比碗口稍粗的麦把子，然后运到打麦场上，在场地上铺开曝晒。正午时分麦子都晒脆了，男女老少全上阵，扛上“稻床子”（或门板）开始打麦子，遂出现了打麦号子。一般是一人领唱，其余合唱，如：

领唱：东方发白晓星上，小星后面跟太阳……

众唱：你们不来让我来，看谁先把麦打净

说佮子

滨江镇境域说佮子又称说“鸽子”，由来已久。凡遇喜庆之事，主家要请手艺人说些吉言，图个吉利。说得好，主家慷慨解囊，匠人笑纳喜钱。因为鸽子象征吉祥、和平，同时民间又有“鸽子朝亮处飞”一说，人们就把这些顺口溜叫作“鸽子”。鸽子语言生动形象，说起来朗朗上口，不但通俗易懂，还多幽默风趣。

浇梁　手捧金壶亮堂堂，老板请我来浇梁，木龙木龙大有功，它出于深山老林中，日遮太阳夜遮霜。老板家请了伙计，扛着斧子上山岗，大树砍了几千几百棵，小树砍了几千几百双，老板家请了老篾匠，先劈青后劈黄，绞成缆绳做大排，等到5月13龙王发大水，冲过长江，路过泰兴木行，老板家请了张鲁二班木瓦匠，张班一看，鲁班一量，不长不短，正好是老板家的紫金梁，长铇子拿荒，短铇子铇光，福字一贴，绕日正光。

酒浇金龙头，主家代代出诸侯；酒浇金龙角，主家住上蓬莱阁；酒浇金龙腰，主家代

代做阁老；酒浇金龙尾，主家女儿赛贵妃；酒浇金龙脚，八抬又八叉；美酒浇去又浇来，浇得主家人子子孙孙发大财。

登梯　脚踏楼梯步步高，皇母娘娘把手招。皇母问我干什么，老板家上梁时间到。新上梁喜洋洋，老板家上的是紫金梁。紫金梁紫金梁，子子孙孙有福享。是我做听我言，荣华富贵万万年。恭喜老板发大财。

系梁　上梁上到半空中，摇摇摆摆成金龙。我问金龙何处去，一直上到紫金宫。两条金龙盘玉柱，两只凤凰栖当中。一片红云请玉皇，保举主家成富翁。

正梁合榫　日出东方喜洋洋，宝地上面建华堂。东边筑的金银库，西边建的积谷仓。紫金梁上出金花，千万富豪第一家。

接宝　老板接宝笑呵呵，门前有棵摇钱树。左一摇右一摇，金银财宝用不了。老板娘接宝喜洋洋，在家养猪又养羊。大票子存银行，小票子砌花堂。相公接宝接得快，带着伙计去放债。放到中国外国两搭界，空船去满船来。小姐接宝真接宝，人人说你成绩好。成绩好来成绩好，北大清华来招考。儿媳接宝真接宝，人人说你针线好。针线好来针线好，皇上请你做龙袍。小孙子接宝笑嘻嘻，你的福气真不低。老的疼小的爱，皇帝找你拜兄弟。

打床　新打牙床四四方，两头装的紫金邦。飞来一对金凤凰，围绕牙床两头飞。飞到西头状元郎，飞到东头生贵子。恭喜老板子传子，孙传孙，代代都有后代根。

剃满月头　一进大门步步宽，脚下踏着紫金砖，紫金砖上生莲子。莲子上面生凤凰，凤凰不落无宝地，状元落在贵府上。今日是个良辰日，我给贵子把头剃。

铺猪圈　新铺的猪圈亮堂堂，小猪仔上圈喜洋洋。会吃会睡会放尿，一个月不到赛小牛。八百斤身子二百斤头，成搭的票子堆满楼。

游艺活动

木偶戏　泰兴是木偶戏之乡，由此滨江镇境域经常演出木偶戏。改革开放后，境域内有蒋榨村等民间木偶戏班子，亦农亦艺，农闲时外出演出。滨江木偶戏多为杖头木偶，表演时一根棒支撑木偶头部，另外两根棒操控其双手，一般唱京剧和锡剧。木偶全长0.36—1.2米不等，部分木偶面部眼、耳、鼻、口可动，两手能持兵器、桨板、手帕、扇子等道具，操控灵活自如，表演夸张而富有美感。杖头木偶戏表演最讲究的是“三功”（举功、捻功、步功）。举功即举木偶的功夫，讲究稳、平、正；捻功在木偶做出摇头点头、招手摆手等细微动作时使用，讲究准确、细腻、传神；步功在木偶做出进退、骑马、冲锋等大幅度动作时使用，讲究迅捷有

原马甸文化站演出的《牵驴花鼓》(1990年)　　顾伯章/摄

木偶戏(2015年)　　顾伯章/摄

序、夸张洒脱。此外，表演中还注重借鉴戏剧演员的水袖、碎步、亮相、鹞子翻身等表演程式。

唱书　唱书的艺人一般为盲人，传说说唱《玉如意》《十把穿金扇》《薛刚反唐》等书目。中华人民共和国成立后，所唱内容一般由文化馆印发，基本是宣传好人好事和党的有关政策，也有唱当地重大事件、重大活动。

舞龙　舞龙是滨江镇一项传统的民间体育活动，每逢佳节、庆典，或者庄户人家有喜庆之事，人们就敲锣打鼓，以舞龙助兴，祈求平安和幸福。在制作上，龙头、龙身用竹枝扎成，再缝上色布，龙身花纹由手工画出，现多在电脑上制作。龙身长10米左右，舞龙时需8—10人协同操作，通常有盘圈、走S弯、龙头越过龙身等动作。舞龙时，龙头追球转，龙身随头游，伴以铿锵锣鼓声，热闹非凡。境域马甸村四组和苏余村苏二组分别有一支相对稳定的舞龙队伍，多次参加市、镇组织的民俗特色文化表演活动。

打连厢　连厢又称“金钱棍”（即打狗棍），边舞边唱，后来发展为一种民俗舞蹈艺术。演员手里的“连厢”就是经过加工的打狗棍，由竹子制成，长3尺许，在竹竿上镂空2—4处，在镂空处串以铜钱。表演时，演员们手里的“连厢”同时发力，分别敲击四肢、双肩、背部、地面，发出有节奏而又清脆的响声。表演者边唱边舞，歌曲多为欢快民间小调，快慢节奏亦可变换，充盈着飞舞之美，呈现出轻松活泼的风格。打连厢盛行于滨江镇马甸一带，至今传承不衰。

挑花担　挑花担又叫“唱凤凰”，1949年以前为境域穷人挨门乞讨的说唱形式。1949年后人们填上新词，伴以锣鼓说唱，多见于佳节庆典、添子祝寿、建房贺梁等喜庆场合。演出多为女演员，身穿彩衣，腰束彩带，头戴红花，手执方巾。花担上布满各种颜色的纸花，特制的扁担两头各立一只展翅凤凰。表演时演员左手撑腰，右手捏着方巾，脚踏四方步，随着锣鼓节奏或走圆场，或前进或后退，边走边唱，身形优雅自如。演唱形式有一人领唱众人合唱，也有独唱。独唱者必须有即兴表演能力，如看到主家门前有口缸，即随编随唱："锣鼓一打响又响，老板家有口藏宝缸，装满金装满银，子子孙孙把福享……"至20世纪末，这种舞蹈形式在滨江地区较少见。

崴花船　滨江镇花船用竹子扎成，上有顶篷，没有窗，略像19世纪娶亲的花轿。船篷饰有各种花朵彩灯，无底，船篷以下用花布圈围，遮住崴船演员的双脚。崴船女郎左右手分别提着两边船帮，按一定弧度配合着上下摆动船身，脚踩四方步，缓缓踱行，酷似逆水行舟。船两边俩小姑娘各执一杆竹子拖于地，前后来回穿行，意为撑船。船头一位男青年扮作纤夫，身着旧时老头中式衣裤，头戴毡帽，腰系围裙。左手执芭蕉扇，右手拉着扣在花船上的红绳，随着花船晃动左右跑动，与后面的艄婆说些饶有趣味的拉场话。男扮女装的艄婆，一身大布头衣裤，头扎毛巾，手握杆竹，在船尾着摇橹状。一群少女聚于一侧齐唱欢快的乡歌，花船在歌声和锣鼓声中摇摆着缓缓前行。六七十年代，崴花船为境域民间春节演出保留节目，缺了花船，便觉索然无味。

放铃鹞　放铃鹞（带铃风筝），是滨江地区农闲季节流行的一种娱乐形式，活动多在春节前后麦子拔节前进行。铃鹞的式样颇多，有八角形、六角形，也有其他形状的。鹞直径5米左右，均匀缀有20多只（或更多）大小不一瓠子雕刻的铃。尾绳10米左右，粗如儿臂，铃鹞背绳有手指粗细。因鹞大且重，为确保起飞稳定性，须至少6人双手扶稳铃鹞，8个以上的青年人拉住铃鹞背绳逆风奔跑，使巨鹞渐渐升空。鹞升空后，瓠铃在空中发出悦耳啸声，可传出数里远，为乡间平添一道亮丽的风景。

地名故事

马甸　相传宋代名将岳飞曾在长江下游北岸的滨江镇境域屯兵抗金，老百姓十分崇敬岳飞这位精忠报国的英雄，称其放养军马的地方为“马店”，后慢慢化为“马甸”。

古马甸位于泰兴西北大约10千米，几十户人家住在长江北岸，有简易码头和几家商店，主要做江边船上生意。明嘉靖称“马店铺”，除商铺外，也是买卖马匹的市场。据明万历和清嘉庆《泰兴县志》记载，马甸当时与黄桥镇、口岸镇齐名。光绪三十三年（1907）马甸首创公立临江初等小学（即后来的当铺桥初级小学），在老马甸东首。古马甸后塌于长江之中，原址在马甸老当铺桥西首，位于马甸西江、临江村西首马甸养殖场处。当时商贾为保护生命财产安全，纷纷向高岸迁移，后来渐成由东而西的3个聚居点，即东马甸、中马甸、西马甸，都位于古马甸港河以南。中华人民共和国成立后泰兴县组织开挖古马干河，裁弯取直，西马甸位于古马干河以北。

东马甸南北一条街，南北街头有一丈二尺的大门，早开晚关。北街有一座石头桥架在老马甸港河上，北连东焦孟（彭）庄。中马甸商贾亦云集，自然形成南北一条街。抗战时期日军在中马甸桥南北筑有土围子，设有明碉暗堡。街北曾有一座木头桥，抗战时当地群众称之“洋桥”“握筋（耳光）桥”。“洋桥”即东洋人造的桥，日军强占老百姓家前屋后的大树建桥；“握筋桥”是因在建桥过程中，日军打老百姓耳光太多，老百姓以此为桥名，意在警醒后人记住屈辱历史。

西马甸位于古马甸港河以南，有一条较长的南北街和一条较短的东西街，青板石街道。街上建有关帝庙，信男善女进香拜佛，祈求神灵镇护马甸不再塌江。西马甸是长江北岸的一个重要港口，有通往江南的“小火轮”码头，设有江海关、邮局，船行、过载行、交易所、捐局（即税局）、江南公司、镖局等。

龙稍港　龙稍港位于泰兴城西北约6千米处，在现滨江镇龙港村境域内。据清嘉庆《泰兴县志》记载，龙稍港口原址在灌溉港（嘉庆年间称灌济港）西近1500米处，后因塌江，港口移至灌溉港南侧。这条因塌江而形成的新港河，从地理位置来看，位于长江支流东夹江东岸，东与泰兴城西门壕河相连，西与扬中县隔江相望，南与蒋家港、过船港毗邻，北接灌溉港。

历史上对“龙稍港”名字的由来有两种传说：一说是龙头在黄桥，老龙河为龙身，此处为龙尾，由此得名“龙稍港”。另一说是龙头在口岸龙窝口，弯弯曲曲的东夹江为龙身，延伸至此势如龙尾，故叫“龙稍港”。据老人们回忆，傍河而居的一个村庄叫季家水洞，这季姓人家明末清初从扬中迁徙而来，与清中期史书上记载的泰兴城里著名藏书家季振宜为同族。在通江口东侧近200米处，有一座南北走向，长40米左右、宽近2.5米的木质结构大桥，被称为“龙稍港大桥”，季姓来这里定居后，在桥南天王庙内建有季氏宗祠。天王庙内，供奉着“将军”菩萨，院东西两边带回廊的六间厢房内，供奉着大大小小近百尊佛像。庙后一座占地半亩的大院后便是宗祠，3间屋的大殿，殿内供奉着季氏祖先遗像及牌位。

清光绪二十四年（1898）上海大通、大达轮船公司开辟长江航线后，不少学子、商贩、走亲访友之人到此乘船前往上海、南京等地。后来，常州班内河小轮船也在此停靠。此地成为长江沿线贸易集散重要港口，带动了一方经济繁荣，先后有了饮食店、理发店、香烛用品店，出现了客栈、赌场、肉案、铁匠店、皮匠店、药房等。县衙在此设立税务稽查机构，人们把水陆交通十分便捷的龙稍港冠以“小上海”的美名。1949年解放军渡江前夕，国民党军为阻止解放大军前进步伐，在龙稍港修筑碉堡3座，四处强抓老百姓砍树送柴，捐米运粮，老百姓苦不堪言。解放军渡江时，村民船民自发支前，为部队运送物资，受到人民政府高度赞扬。

中华人民共和国成立后，泰兴县政府为确保龙稍港口安全，派出公安特派员驻守港口。为方便百姓通信，在港口设有邮政代办所。60年代中期后东夹江相继坍塌，1984年冬东夹江处围垦农田，建起水产养殖场，修筑南北公路。21世纪初，上海班和常州班轮船先后停航。为保障人民生命财产安全，政府把“口上”人家全部安排到港河北岸，建立新家园，在入江口建起电动水闸和水泥路桥。滨江镇建立后，将养殖场南北公路与沿江高等级公路相连接，进一步改善“龙稍港”交通条件。

天星桥 清雍正年间，今滨江镇天星村入江河道处建起一座南北走向的三孔木桥，长约20米，宽约3米，取名“天星桥”，“天星村”亦因此桥得名，河道得名“天星港”。传说当时通江河道上同时开建有两座桥，中段桥首先竣工，取名“大生桥”。相隔一天，西段桥落成，当时一乡绅提议，西桥比中桥晚一天建成，在“大生”二字上面分别加“一”和“日”，就叫“天星桥”。

另有一说此桥竣工当晚，游者很多。桥北杨家湾名士陈书霞见满天星辰，诗兴大发，曰：“一天星斗映滩涂，水碧山青缥缈处。仙境不须求物外，玉桥如虹跨明珠。”张家秀才随即附和：“满天星星港中照，此桥应名天星桥。”众人异口同声喊妙，皆称桥名响亮，寓意吉祥。还有一说，桥竣工当晚桥南周姓老学究到桥上纳凉，吟出上联：站在桥上瞧天空，瞧瞧瞧，桥上桥下两天星。一位秀才对出下联：清水潭中探清水，探探探，潭深潭浅一清水。就这样，一群文人的即兴诗句，定下了“天星桥”名称。

天星港早年即为泰兴重要水道和江防、交通要塞，历来为兵家必争之地。早在清康熙十一年（1672），京口水师右营把总驻天星港，康熙三十五年改归泰兴营防守。光绪二十五年（1899）、光绪二十九年（1903），泰兴知县汤曜、龙璋先后对天星港进行过疏浚。抗日战争时期，国民党军队驻扎天星桥集镇及港口。1939年9月28日，日军军舰停泊天星桥江边，疯狂炮击泰兴城30多枚炮弹，弹着点在城郊宝塔湾、闻家埭、十里甸等地。

天星桥一度成为重要口岸，到此经商定居者不断增多，以桥为中心的“丁”字街渐成规模，码头业务、集市贸易随之兴旺。

天星桥畔有一仙人堂，坐落在天星桥北朱家垈。仙人堂内殿宇2进，前殿大门上嵌有砖雕“古仙人堂”四字。庙前大白果树2棵，传系刘伯温所栽，冠盖2亩许，雄树需6人合抱，雌树四周能围放小推车12部，为天星桥地标性古树。傍晚万雀归巢，鸣声传出几里，出远门晚归，只要听到叽叽喳喳的鸟鸣声，便知快到家了。

天星村人尚文重教。清咸丰年间村中有名士陈书霞，后做清末状元张謇的老师。宣统元年（1909）村中设公立广彗初等小学，民国时期，该小学走出李石清、刘开文、刘伯平3名大学生。李石清毕业于清华大学，曾任国民政府靖、泰、如三县税务局局长，卸任后回乡办学，后又任张謇子孙的塾师。刘开文投身教育事业。刘伯平从上海美专毕业后长期任教，为家乡培养出一批批美术人才。

村上读书蔚然成风，先后走出150多名大学毕业生。

天星桥因年久失修，至中华人民共和国成立时已残破不堪。1955年，泰兴县政府拨款在天星桥原地新建木桥1座。1958年河道改道取直，在天星港兴建船闸，取名“天星闸”。

洋思港　洋思港距今有500多年历史。此处原为江边小洲，后长年江水积淀，滩涂与陆地相连，形成现在地貌。传说泰兴状元季三鞑子回乡探亲，到江边游览，只见港口浊浪排空，芦丛鸟鸣，渔樵相对畅饮，如此胜景使他感慨万千。他问随从，此港何名？随从答，无名。季状元即兴曰：就叫洋思港吧。

此名由来还有一说。据当地老人说，相传旧时港口宽50米左右，一天，镇江金山寺一贤者沿江游玩到此处，看滩边水丰草绿，风光秀丽，是个好去处，便向岸上一放羊老人打听这是什么地方。放羊老人耳背，答曰：“我姓羊，排行老四。”贤者点点头，误以为这里就叫“羊四港”。自此，这里便以“羊四港”为名。时间长了，有人把“羊”写成“洋”，又觉“四”字不雅，便把“四”改为“思”。再后来港名变成所在地村名。

蔡家桥　蔡家桥位于滨江镇蔡桥村，在泰兴城西郊2千米处。传说蔡家桥距今已有300年历史，行政区域历经整合，“蔡家桥”地名却沿用至今。几百年来，蔡家桥雄姿勃勃，横跨蔡桥港东西。桥5孔，中间高东西低，高坡度台阶式，全桥48个坡阶，至中线24坡。台阶一坡达20厘米，难以上攀，推木轮车上桥要三人助推，行人载重行走一趟，便可称之“英雄”，人们戏称此桥为“要命桥”。

据当地老人回忆，建桥年代无据可考，只是听前人传说。当初此地是江水冲刷沉淀的沙滩，地势低洼，芦苇杂草丛生，每遇大水来袭，县城西水关桥一开，客水滚滚而西，此处汪洋一片。行人至此只能脱衣泅渡，或靠渡船过往，老百姓怨声载道。有人跑到县衙，诉述此地行路难，种地难，官府为之焦急却又无奈。一天，一个蔡姓货郎挑担路过此处，见此情景，有心为架桥助力。他用走村串户的机会，游说社会有识之士募钱捐物，自己也慷慨解囊，捐出了所有积蓄。在建桥过程中，他每天在桥南不远处，一边摆摊卖货，一边接受捐钱捐物，并兼做造桥监工。大桥竣工后，蔡桥众乡亲为不忘蔡姓货郎大恩大德，将此桥命名为“蔡家桥”。

泰兴古城有五个城门，即东门、南门、北门、大西门、小西门。五门中，唯有小西门直通西江边。据说，为防江中倭寇晚上向东窜扰，县衙便发动蔡家桥附近居民，以在桥上纳凉为名监视敌情。

1947年冬，一大批国民党溃军从桥上往江南逃窜，为阻止新四军追击，溃军企图炸毁蔡家桥，当地民众拼死护桥，方使大桥免于战火。1949年4月21日凌晨，蔡家桥土地上红旗招展，一支解放大军从桥上经过，威风凛凛地奔向江南战场。

历史传说

“摸秋”的传说　中秋期间，滨江镇境域有一个“摸秋”习俗，深为孩子们所喜爱。有些人年龄大了，还常常唠叨儿时摸秋的乐趣。摸秋一般在八月半晚上。皓月当空，孩子们借着明亮的月光，到别人家园中、田头，“偷”向日葵、青豆角子、吊杀鸡（一种形似玉米的高秆甜食植物，比甘蔗更酥甜，今已难觅踪影）、番瓜等，有的“现偷现食”，有的则暗中抛入尚未得子的新媳妇床上，被“摸”的人家不仅不能咒骂，不能说人家“偷”，还要表示乐意；床上有瓜的新媳妇家人上下，更是乐不可支。这“摸秋”是怎么来的呢，民间流传着这样一个故事：

元朝末年刘福通领导的农民起义队伍“红巾军”，纪律严明，所到之处秋毫无犯，深受百姓欢迎。一年八月半的晚上，红巾军转战南北，来到今滨江境域的一个村子驻扎休息。老百姓见刘福通部队来了，纷纷请他们到家中共度中秋，饮酒赏月。刘福通深知民众疾苦，不肯打扰百姓，下令任何人都不准离开营房。不少士兵经长途行军受饥饿折磨，便到地头随便摘点南瓜、向日葵籽儿或到河边捞点菱角充饥。刘福通知道了，对那些违令的士兵要按军法处置。老百姓闻知此事，都纷纷赶来请求“刀下留情”，但刘福通哪里肯听。这时，一位白胡子老者上前说道：“刘将军有所不知，我们这儿有个规矩，八月十五的晚上摸秋不为偷。”刘福通笑道：“老人家不必多言，我老家离此不远，这个规矩怎么从来没有听说过？”老者说：“将军，自古以来‘十里不同风，百里不同俗’，将军家离这里百里之遥，况且这个规矩是元朝皇帝近年来横征暴敛，百姓涂炭后才有的呀。庄稼未收，青黄不接，只好到田里去摸点能充饥的来度命啊，慢慢就有了摸秋不为偷的规矩。敬望将军入乡随俗，让我们代替违纪的兵士受刑，留下他们跟将军杀尽元兵，解救百姓。”

老者话音未落，扑通一声跪下。众乡亲见此一起叫道：愿替身而死。刘福通见状泪流满面，上前扶起老者，应允了百姓的请求。从此，八月半“摸秋不为偷”的习俗就在境域流传开来。

黄西人正月初二过年　马甸集镇境域有个360多户的村子叫黄西村，自清乾隆三十八年（1773）起，一直延续着一个特殊年俗——正月初二过大年。

黄西村人正月初二过大年是泰兴的一道奇特的风景。相传清乾隆年间黄家老祖宗黄印祥、黄印璧挑着箩担从下河逃荒到了今李秀河村西头，搭了个草棚子落了脚。没过多久就过年了，黄氏兄弟没钱买米称肉，只好外出乞讨了点小米饭回来炒着吃，权当守岁。正月初一黄家兄弟外出拾草，发现了一个坛子，打开一看里面全是白花花的银子，兄弟俩大喜过望，悄悄将坛子抬回家。这一夜他们乐不可支，商量着如何设席补岁。初二一早兄弟双双到街上去，荤的素的，油盐酱醋，香烛纸马，样样买全。回到家贴对子，挂红灯，敬菩萨，放炮仗，正式过了个大年。兄弟商定：从此咱黄家正月初二就是过年的日子。

过了年李秀河村地藏王庙的一个和尚去世，庙内一张缺腿的坏八仙桌用一只破钱柜垫着。李秀河的李氏族长认为黄氏兄弟是敬了菩萨发财的，就让黄氏兄弟去安葬和尚，和尚的家当则归他兄弟俩。黄氏兄弟认为这是做好事，满口答应。丧事办完后兄弟俩去搬和尚的家当，最后搬和尚的钱柜时，钱柜却散了架，意想不到的是里面的金元宝、银洋流了满地，令黄氏兄弟惊讶不已。他们用这些钱财购田置地，砌房造屋，娶妻生子，人丁兴旺，逐渐发展成了一个大庄子。因为坐落在李秀河之西，就称为黄西村。后人不忘老祖宗是在正月初二发迹的，便将初二过大年的习俗延续下来，今此俗渐废，也有少数“规矩大”的人家保留着。

心大过不了洋思港　清朝初年，洋思港由于独特的水域位置逐渐成了江北水上枢纽。官家搜刮的民脂民膏便从这便捷、秀丽又不起眼的小港运出去，久而久之，引起绿林大盗的关注。在他们看来船只越大，说明货物钱钞越多，所以船到港口常常被他们洗劫一空，而小本经营的商人、两袖清风的官吏反倒相安无事。因此江湖上便有了“心大过不了洋思港”一说。

还有一种说法，洋思港位于天星港和过船港之间，从洋思港到北沙南边，江面宽阔，而且北沙西侧是兜包湾，由此拐弯直通长江上游。特别的地形使此处无风三尺浪，涨潮时更是水势汹涌，湍急水流形成强大漩涡。旧时在江里的行船除三桅木船外，多数是超载航运的小木船（俗称义渡船），这些小木船行至洋思港江域，等于走进了“鬼门关”，只要有一个大浪扑上船头，船头即刻埋进江水，卷进急流漩涡，造成翻船沉船事故。“心大过不了洋思港”是历史教训，也是经验总结，意为做事须量力而行，否则会适得其反。

洋思港百二十个对直（值） 洋思港是自然港口，历史悠久，它与扬中的八桥遥遥相望。随着商贸的发展，洋思港逐渐形成了一条南北青石街。街上有杂货店、饭店、烧饼店、药店、旅社、猪行、碾坊。洋思港的“百二十个对直（值）”，就是过往客人认为走洋思港这条路道，无论花费多少都值得，不冤枉（“直”是“值”的谐音）。久而久之，竟成了江湖上心照不宣的行话。

洋思港大桥对联 随着商贸不断繁荣，洋思港成了农产品的集散地，无论南港北港还是过往客人，都企盼在洋思港上建一座桥，告别“隔港千里远，过港靠渡船”的日子。港两岸的族长们商量出一个建桥方案：建一座22米长、4米宽的大桥。三条筹资途径同时启动，即百姓按人捐、富户强行派、向社会募捐。三管齐下的筹资，集得了三分之二资金，还有三分之一缺口仍无法填补。有一天来了个富商，初通文墨，看到涨潮中的洋思港，一时兴起，随口吟出“江潮涌满洋思港”，全句七字都有三点水部首。洋思港是地名，他苦思冥想，就是对不出下联。他说，如有人能对出下联，愿出资补足造桥资金。不久，这事很快在社会上传开了。

一天，一游方道士经过距洋思港不远的杨榔小桥，看到桥边有一棵柳树斜倒在河里，他惊叫：原来下联在此！急忙回到洋思江边找到那位客商，以“杨柳枝横杨榔桥”对出了下联，七字的部首都是木字旁，杨榔桥也是地名。富商钦佩，履约付款。当地人便把这副对联刻在大桥的石柱上，以褒扬富商出资造桥之义举。

滨江镇一角（2017年）　滨江镇/供图

10

名镇名人

滨江镇历史悠久，孕育了众多流芳百世的名人贤达、革命志士、先进模范，平凡的滨江人用实际行动书写和创造了滨江不平凡的历史。进入新时代，滨江人坚持与时俱进，敢为人先，勇于创业，砥砺前行，唱响了一曲曲奋斗者之歌。他们是传统道德的继承者，是时代精神的弘扬者，是社会主义核心价值观的践行者。他们的品行让世人感受到时代满满的正能量，他们是滨江解放和发展、富起来和美起来的楷模。

名人传略

于荣富（1907—1972）

原长沟乡（今滨江镇长沟村）于庄人。抗战后期因生活所迫，去泰兴东北乡一带织布。他为人耿直，机智勇敢，富有正义感，被新四军发展为地下党组织成员，每次都出色完成地下党组织交给的各项任务，多次化险为夷。抗战胜利不久，国民党“还乡团”气焰嚣张，共产党地下工作严重受损。于荣富奉命随新四军北撤。1946年加入中国共产党，1948年又回到家乡，任长沟乡党支部书记。先后组织参加大杨庄战斗支前工作，组织发动地方民众支援解放军解放泰兴城，参加捉拿芦匪头目曹良行动，参与地下党组织惩恶锄奸和渡江前江北清匪运动，多次受到上级党组织嘉奖。中华人民共和国成立后移居长沟村孙家垡，首任城西分区书记兼蒋华区生产科长，1966年离休。

殷宝书（1911—2008）

殷石村东石组人。1933年7月，毕业于江苏省测量学校测绘专业（大专）。1949年秋和1950年春，参加长江复堤防汛工程，1951年获长江复堤工程二等奖。1951年7月，在两泰官河整治工程中，对两泰官河的灌、排、航做出大胆、合理设计和实施方案，获泰兴县委颁发的整治两泰官河工程一等奖。1953年，主持制订泰兴县农田水利第一、二个五年规划及年度计划、实施方案。1955年，获得“复堤治水工程二等功臣”称号。1956年10月，根据泰兴县水利现状和普查资料，编写《水利资料汇编》，为制订水利规划、兴修水利，提供有价值的参考资料。1958年，编写《农田水利简易技术教材》，用于培训农村水利技术员。1966年，获如泰运河整治工程一等奖。1978年，编写《泰兴农谚》，指导泰兴县防汛抗旱工作。1980年，编写《泰兴水利》1—9分册，计50万字。1984年，获泰兴县“先进科技工作者”称号。其后，参加《泰兴水利志》《泰兴县志》编纂工作。

蒋生章（1916—1950）

殷石村王庄组人。在私塾学习几年后，因家庭贫穷辍学。15岁拜师学徒，干起漆匠活。1949年2月，在城西区中港乡入伍参加革命，先后任通讯员、分队长。同年10月，加入中国共产党。蒋生章在中港乡任职期间，积极为党为人民工作，组织群众与敌人进行斗争，受到群众爱戴，同时亦遭敌人忌恨。1950年4月1日夜，中港乡党组织在蒋家旗杆学校召开剿匪工作会议，蒋生章在外面负责站岗放哨。突然，他发现麦田里冒出有人吸烟的火光，立即鸣枪报警。正在开会的党员干部听到枪声后，迅速冲出后门蹚河转移，蒋生章却被埋伏在四周的匪特残杀。后被授予"革命烈士"称号。

赵文祝（1918—1947）

原长沟乡（今滨江镇长沟村）人。1945年参加革命工作，1946年8月经中共城西区委书记宋毅介绍加入中国共产党。后历任长沟、过船、仁寿乡党支部书记，在赵文祝带领下，党组织发动3个乡党员和群众联合起来，对伪政府时期的乡保长开展清算斗争。赵文祝把收集情报、惩奸除恶作为重点，先后惩办了朱仲伟、朱一栗、戴保华等反动恶霸。几个月后解放区再次沦陷，党组织迅速安排干部北撤，赵文祝向组织申请在本地进行敌后斗争。1947年12月17日晚10时左右，赵文祝在徐家垈秘密活动时遭国民党自卫队杀害。

丁广田（1918—1974）

新星村人，贫苦渔民出身。1945年10月，苏浙皖根据地党政军民奉命北撤，丁广田连续8昼夜，驾船护送渡江。第9天（10月15日）改用轮船运输，晚10时许满载北撤人员的"中安轮"行至天星港江面，船底漏水下沉，丁广田听到汽笛紧急呼救，立即招呼周成富、陈聚华等人，驾船紧急驶往出事地点，救出新四军指战员30多人。1949年4月中国人民解放军横渡长江，丁广田担任水手，抢运渡江战士。4月23日晚南渡途中，遭遇国民党“永记号”巡洋舰，在解放军指挥下，丁广田登上敌舰劝降，促使“永记号”120余名国民党军士兵放下武器投诚。渡江支前任务胜利完成后，丁广田被评为“全国特等渡江功臣”。1950年9月，丁广田应邀出席全国战斗英雄劳模代表大会，受到党和国家领导人毛泽东、朱德等接见，并参加国庆观礼。1959年，丁广田出席江苏省农业先进集体和先进个人代表大会。

刘瑞芝（1924—2009）

滨江镇中兴村人。出身于中医世家，1943年11月加入中国共产党，是年12月参加新四军。1945—1949年，先后参加孝丰、天目山、兖州、鲁南、孟良崮、开封等战役战斗和淮海、渡江、上海战役。1950年11月随中国人民志愿军20军赴朝鲜抗美援朝，先后参加第二、第五次战役，立三等功1次、四等功2次，获抗美援朝纪念章、朝鲜民主主义人民共和国军功章各1枚，并获“和平万岁”纪念章。1953—1969年在临海工作时，当选为浙江省军区后勤部先进工作者代表大会代表、临海县第二届人民代表大会代表。1955年参加解放一江山岛战役，后调南京军区工作，历任13野战医院科主任、医务处主任。1968年参加国庆观礼，1969年1月25日受到党和国家领导人毛泽东、周恩来接见。1969年后任南京军区第361医院副院长，1983年以正师职待遇离职休养，1986年后在第12集团军合肥干休所休养。1988年获解放军独立功勋荣誉奖章，2005年获抗战胜利60周年纪念章。

张忠（1926—2012）

蒋榨村张家桥人。1945年参加新四军，先后参加过苏中七战七捷、涟水保卫战、山东莱芜战役、鲁南战役、南麻战斗、沙南河土集战斗、郾城战斗、开封睢杞战役、淮海战役、山东长岛战斗、抗美援朝上甘岭战役等。在淮海战役中立一等功，所带班被命名为“英勇机智张忠班”，在上甘岭战役中立二等功。从军生涯中立一等功2次、二等功3次、三等功5次，被评为战斗模范1次，多次被通令嘉奖，1955年9月，被授予上尉军衔。转业后，在上海邮政局工作。离休后先后为汶川、玉树地震和云南抗灾捐款1.86万元，资助2名贫困生完成学业。

季冠武（1927—2010）

永新村季滏三组人。14岁在三甸小学读书，小学毕业后参军，中共党员。曾任南京军区政治部文化处处长，江苏省作家协会会员，副师职。为1974版电影《渡江侦察记》改编执笔人，后又将电影改编成连环画，其创作的《海燕双飞》由少年儿童出版社发行。1980年6月创作的《蚕豆早熟》在军区文艺作品评选中获文学作品一等奖，小说《且见公婆》在1982年《雨花》杂志主办的雨花文学奖评选中获优秀作品奖。2005年10月，以泰州市永安洲乡为背景创作小说《风雨桃花洲》，获南京军区文艺作品二等奖。季冠武从事文艺创作30余年，创作小说30多篇。

羊寿章（1933—1966）

马甸西南当铺桥（今滨江镇西江村临江一组）人，农民家庭出身。成年后先后担任互助组组长、副大队长、种猪场场长、民兵营长、大队团支部书记等职。1960年9月在生产大队负责征兵工作，他说服年迈母亲和新婚妻子毅然参军。羊寿章在部队工作认真负责，团结帮助战友，先后升为班长、副排长，1966年3月加入中国共产党。是年10月羊寿章患阑尾炎做了手术，不久女儿降生，部队领导给批准他病假和探亲假。就在羊寿章准备返乡时部队接到上级紧急命令：以最快速度开凿山洞停放军舰。任务落在羊寿章所在排，当时排长妻子在部队患病住院，要人照顾。羊寿章主动请缨。1966年11月18日，在开凿山洞时遭遇工地塌方，为救战友不幸牺牲。

人物简介

陈俊生

1920年出生，滨江镇马甸人，抗日老战士。1937年在南京金钟学校学习，日军轰炸南京后参加抗日战争，任国民党部队独立工兵三团二营司务长，再任连、营文书（少尉），曾随部队辗转芜湖、安庆、九江、武汉、衡阳、重庆、潼关和河套等地，先后负责新兵训练和在黄河西岸边构筑永久工事，并随后参加了抵抗日军进攻的数十次战斗，英勇顽强，不怕牺牲。1945年日军投降后请假回乡省亲，后因厌恶国民党挑起内战，便决定定居马甸在家务农，直至泰州解放。2021年，泰州市侨联派人到马甸看望他时已102岁。

周树夏

1937年9月出生，过船村人。中国兵器工业第二〇六研究所产品总设计师，研究员级高级工程师。1989年，周树夏参与研制某火控雷达系统获国家科学技术进步一等奖。1992年10月享受国务院特殊津贴，1996年被中国兵器工业总公司西北兵工局评为最杰出的10名科技工作者之一，被授予“科技十杰”称号。

冯　璧

女，1938年5月出生，五杨村人。中共党员，原泰兴滨江医院院长。1965年大学毕业后被分配到滨江医院，长期从事麻风病防治工作，个人承担10项科研项目，丹参酮治疗麻风病的研究在医学界影响很大。1987年当选为中共第十三次全国代表大会代表。先后获全国优秀共产党员、全国卫生先进工作者等荣誉称号。

于学文

1942年10月出生，蒋港村人。80年代任美国西方石油公司中国代表处总经理，1987年投资建设北京亚洲大酒店、新中大厦，担任外方董事长和总经理。1992年后，先后成立北京纪新机电设备工程有限公司、世纪在线有限公司、北京世纪加禾文化发展有限公司等企业。著有《中国当代艺术中的西方模版》。

傅文章

1944年6月出生，双彭村人。先后担任永安洲乡乡长、马甸镇镇长等职，是中国作家协会会员，著有长篇小说《同胞竞选》《同胞竞富》《同胞合营》《红尘梦》及报告文学《名校洋思》等10多部作品，主编有《泰兴名人谱》《秀出东南》《拾花集》等，共计400多万字。

殷春银

1954年4月出生，殷石村人。1976年进入徐州矿务局庞庄煤矿工作，开展技术创新，先后取得58项科研成果，其中获国家专利4项，被授予“全国劳动模范”“全国技术能手”，入选“百名感动中国矿工”。2004年，煤矿以其姓名命名“殷春银创新工作室”。

戴永祥

1954年9月出生，长沟村人。1973年12月入伍，1976年5月加入中国共产党。先后参与高原飞机试飞、南太平洋洲际导弹试验、水下潜艇运载火箭发射试验、国产直升机空中试飞等任务。

季国平

1956年8月出生，顾阚村人。历任戏剧出版社总编室主任、副编审，中国戏剧家协会分党组书记。长期从事戏剧研究和评论工作，曾任中国戏剧梅花奖评委会主任、曹禺剧本奖评委会副主任。著有《元杂剧发展史》《汤显祖小品》等8部作品，在《光明日报》等报刊发表学术文章逾百篇。

曹俊华

1957年12月出生，永新村人。中国电力投资集团公司云南分公司副总经理、党组成员，教授级高级工程师。参与编制《水利水电预应力施工锚固技术规范》(国家标准)，多次获得葛洲坝水利水电工程集团公司表彰，2010年被授予云南省“优秀共产党员”称号。

徐兆山

1957年出生，大马庄村人。1989年，在上海创办海泰汽配(集团)有限公司，从事汽车内外饰件、大型模检具的设计制造以及新能源汽车动力系统、环保新材料研发制造，与上海大众等企业长期合作。徐兆山是上海泰兴商会会长，被评为泰州市“十大乡贤”。

汪毅直言佑护滨江百姓

汪毅（1026—1105），字次元，江西婺源人。北宋皇祐五年（1053）进士，嘉祐间任泰兴县令。任内泰兴有一年发大水，田与江通，百姓无以为食，转运使仍向各县频催秋赋，不肯宽限。汪毅审视灾情拒不执行，并豁免全部秋赋。转运使大怒，复办文催索，急如星火。汪毅毫不惊惧，处之自如，朝廷遂派遣龚鼎臣实地调查安抚。

龚鼎臣到泰州了解实情后，通知各县令聚至州衙，责备转运使说："百姓已饿得不能生存，而你们却强行收赋，为民父母岂能如此？泰兴县令为救灾民，赦免田赋，值得推崇。"龚鼎臣即趁泰州知州宴请之际，邀汪毅入座。后龚鼎臣又具奏章，向上级推荐能干的汪毅。

当时泰兴县内滨江地区农民多依沙围田，由于江潮的冲刷，往往时间一久沙溃田毁，前功尽弃，而农民却仍需按原田亩数交纳赋租。此事经历泰兴数十任县令都无处求免，唯汪毅向龚鼎臣大胆呼吁，奏请朝廷连同历年陈欠一并免征。汪毅为民请命为泰兴百姓所赞颂，"汪泰兴"遂闻名淮东。

岳飞和马甸

"甸"字含有多种意思，但用作地名基本是两种意思：一是指郊外之地，古时都城的郭外称郊，郊外称甸；二是指用于放牧的草地。滨江镇马甸名字的由来，和南宋名将岳飞有关。

岳飞（1103—1142），字鹏举，宋相州汤阴县（今属河南）人，中国历史上著名军事家，抗金英雄，位列南宋中兴四将之一。建炎四年（1130）七月，岳飞被朝廷任命为通泰镇抚使兼知泰州，领管泰兴，奉命率兵抗金。因泰州无险可守，遂退保柴墟（今泰州市高港区口岸街道办事处一带），在长江下游北岸今泰兴市、高港区一带屯兵抗金。据光绪《泰兴县志》、《泰州志》等记载，岳飞曾大败金兵于南坝桥（位于柴墟北约7千米处，距离泰州市城南约10千米）。当时岳家军在今滨江镇境域秋毫不犯，岳飞见江边百草丛生，又肥又嫩，便在此牧马，既不伤害老百姓的利益，又可以厉兵秣马，随时和金兵抗衡。

泰兴老百姓十分崇敬这位精忠报国、护国佑民的英雄，为了怀念他、纪念他，称岳家军放养军马的草甸子为马店、马甸，连拴马的草也命名为寄马桩子。据史料记载，岳家军当年屯过军马的地方，包括原马甸境域内的大马庄和小马庄。所以，马甸、大马庄、小马庄这些地名与当年岳家军在此屯养军马应该有很大关系。

朱袒咏过船千古留佳话

说到滨江镇境域历史上风云一时的过船港，就不能不说到明代诗人、邑人朱袒写的《船港春潮》诗，其诗云：

东风吹雨海扬波，一道溪回百折涡。别岸桃花生锦水，征帆鹭影拂银河。朝宗江汉空愁绝，过客乾坤可奈何。却忆钱塘秋唤渡，素车白马倏来过。

朱袒（1327—？），泰兴城区西南朱家巷人，宋御史中丞朱宝明后代，生活在元末明初。明代洪武年间，朱袒以才德双全被推荐为秦府长史。建文元年（1399），燕王朱棣发动“靖难之役”时朱袒已去职。后明成祖闻朱袒贤名，欲招其至京师任职，被朱袒婉言拒绝。朱袒写的这首《船港春潮》诗，诗咏的即是泰兴过船港的景色。泰兴这里的港湾，本是内河船只进出长江的集结之地，也是白帆点点、百舸争流壮观景象之处。由于来往的船只众多，争相竞渡，故而人称这里为船只集中的船港。由于朱袒写了这首著名的诗，在诗中描绘了过船港激流回旋、惊涛拍岸和千帆竞过的繁华、壮观景象，故后人把它列为咏泰兴八景之首。

王令树与《江洲桃花》诗

滨江镇境域内龙港村龙稍港，旁有地名叫“口上”，家家面江，户户观潮。这里风光旖旎，走上江堤，可看到顺流直下的帆篷船和镇江东边的“圌山”。渔民在江上弓腰划桨，拉网捕鱼。他们春捕河豚、鲥鱼，夏捕鲤鱼、大虾，秋冬则捕鮰鱼、鳗鱼、江蟹。清康熙十八年（1679）泰兴籍进士，著名政治家、诗人王令树曾到此游览观光。

王令树（1657—1720），字廷玉，一字树人，别字桐孙，后改名王枚功，号行一，祖籍滨江镇蒋港村，出生于泰兴县城。王令树从小聪明过人，刻苦学习圣贤之书，中进士后任富顺（今属四川省）知县。（乾隆）《富顺县志·宦迹》载其“性刚方，勇干治事……不惮劳瘁，务令均平，奸民莫敢肆横”。后历官礼部主事、员外郎、刑部郎中、山西道监察御史，为官清正廉洁，敢于直言，不怕得罪权贵，为泰兴历史上十大谏官之一。王令树游览龙稍港一带风光后，吟有《江洲桃花》一诗：“江洲遥在江中间，无数桃花杳莫攀，我欲拏洲江上去，依稀望见江南山。”此诗后被收入光绪《泰兴县志》中。

张行澍母子织布济贫行大义

张行澍（生卒年不详），字瀚门，河南祥符人。举人出身，清道光二十八年（1848）任泰兴知县。这一年六月泰兴遭到强台风袭击，江水暴涨，平地水深数尺，沿江百余里一片泽国，房屋漂没，受灾的百姓全部“露栖”。

张行澍身为泰兴父母官，心急如焚，连忙召集官吏和地方上的乡绅商议集赀，按人口赈灾，发放口粮。在他的努力下，泰兴老百姓大灾之年没有人饿死。道光三十年（1850），张行澍又带领百姓修建坚固的长江江堤（后人称“张公堤”），疏浚诸港及其支流，提高泰兴滨江地区的防洪和抗灾能力。

张行澍为官奉公廉洁，生活清贫。他很孝顺母亲洪氏夫人，把母亲接到身边。张母不肯清闲，跟在老家一样，整天忙着纺纱织布。张行澍挤出有限的生活费用，采办棉花等物资，支持老母织布济贫，以至一年四季后衙机杼之声不绝于耳。冬天，张行澍将母亲亲手缝制的棉衣拿来救济穷苦百姓，自己却不肯留下一件新衣过年。张行澍去世后家徒四壁，一个叫孙寅的泰兴人因事到河南去，路过张行澍老家，目睹张家清贫之状，不禁凄然泪下，拿出盘缠来帮助他的家人。

蔡林森开创“洋思之路”

蔡林森，1942年10月生，泰兴市虹桥镇蒋华村人，原洋思中学校长。倡导“创造特色，‘三流’可以变成‘一流’；一个学校的问题，正是一个学校的机会；每个学生都能学好，每个学生都可以教好”的教学理念，形成独特的“洋思模式”。1982年提出“当堂教、当堂学、当堂巩固”，同时推行“课堂完成作业”。1991年形成“先学后教，当堂训练”完整思路，并付诸实施。

1993年，扬州市教育局肯定洋思做法为“当前农村教学改革的一大创举”。1994年10月下旬，《中国教育报》全文转载《江苏教育报》长篇通讯《洋思之路》。1997年，省教委副主任周德藩称洋思初中是“我省初中教育的一面旗帜”。1998年，省教委和泰州市委给予洋思中学“面向市内外招生”特殊政策。洋思中学的学生入学率、巩固率、合格率和优秀率，连续9年居泰兴市首位。

1999年11月江苏省中小学教学工作会议上，省教委印发《关于进一步学习洋思初中改革课堂教学模式，全面提高课程实施水平的指导意见》。由此，全国各地探访“洋思之路”的参观考察者络绎不绝。蔡林森先后被评为中学特级教师、全国十佳优秀教师、全国先进工作者。

曾宪相领跑泰兴经济开发区

曾宪相，1957年7月生，新加坡籍华人。江苏省泰兴经济开发区新浦化学（泰兴）有限公司董事长。1995年，曾宪相来到企业少、荒滩多、缺少上下游产业链、基础设施不完善的经济开发区。20多年来，通过曾宪相不懈努力，公司一直不断增资扩产，注册资本由3000万美元扩大至3.6亿美元。

曾宪相以每年300多万元的投入建立和健全属于自己的安全、环保和科学管理体系，企业先后通过ISO：14001环保体系认证、OHSAS：18001职业健康安全管理体系认证，成为园区安全环保典范。曾宪相放弃原先优渥的物质生活，扎根滨江，融入滨江，是一名与滨江发展共荣辱的新“滨江人”。他设立“新浦清寒助学金”，资助贫困生完成基础教育；捐款给泰兴市慈善总会，救助困难群众；参与“万企助万村”活动，帮扶多个贫困村。

曹龙祥引领泰州医药行业

曹龙祥，1957年9月生，泰兴市泰兴镇人。济川药业集团有限公司董事长，高级经济师。带领企业坚持走“产、学、研”结合之路，成功开发10多种规格新药并上市销售。110多个品规药物列入国家医保目录，68个品规药物进入国家基药目录，获国家发明专利授权38件，蒲地蓝、亚甲蓝、川芎等10多个品种为国内独家品种、独家剂型。“寿牌”和“同笑”商标、“蒲地蓝”“抒罗康”“同笑”产品为江苏省著名商标、名牌产品，碳酸利多卡因注射液获“国家级重点火炬计划项目”“国家重点新产品证书”，中国名牌事业促进会、全国高科技质量监督促进工作委员会联合授予济川药业集团“全国质量信得过企业”称号。

2021年，济川药业总资产80亿元，在中国制药工业6000多家企业中跻身第42位。实现国税开票销售收入87.6亿元，工商税收收入11.9亿元。

曹龙祥先后获全国劳动模范、中国制药行业百位优秀企业家、中国企业文化领军人物、中国改革十大杰出人物、江苏省第十二届人大代表、江苏省优秀共产党员、江苏省优秀企业家、江苏省“十大诚信标兵”等荣誉。

人物名录

《人物名录》收录2021年末境域人物137人，其中革命烈士87人，以牺牲时间先后排序；受地市级以上表彰人员51人，其中受省、部级以上表彰34人，受地市级表彰17人，均以表彰年代先后排序。个人多次获奖集中排列，按首次表彰时间先后为序。

表13

2021年底滨江镇烈士名录一览表

姓　名	性别	籍贯	牺牲前所在单位及职务	牺牲时间、地点、原因等
王义泉	男	滨江镇苏余村	新四军某部队长	1940年10月泰兴渡子河因战牺牲
李雨琴	男	滨江镇苏余村	泰兴县一区区队战士	1940年11月泰兴县城北因战牺牲
戴留保	男	滨江镇苏余村	口岸区队战士	1941年10月城北陆家庄因战牺牲
季　赵	男	滨江镇马甸村	新四军老一团战士	1943年失踪，1954年追认
丁雨仁	男	滨江镇天星村	蒋华区三阳乡联防队队长	1944年6月三阳乡丁家庄因战牺牲
王金荣	男	滨江镇马甸村	靖江独立团2连班长	1944年6月泰兴虾蟆圩因战牺牲
芦达生	男	滨江镇卢碾村	新四军1旅2团战士	1944年10月盐城伍佑因战牺牲
杨富堂	男	滨江镇蔡桥村	泰兴县独立团战士	1945年姜堰失踪，1960年3月追认
赵名贵	男	滨江镇马甸村	苏浙军区4纵队10支队战士	1945年因公牺牲
黄厚龙	男	滨江镇新星村	新四军6师52团1营1连战士	1945年4月江都因战牺牲
卜国林	男	滨江镇小马庄村	新四军某部战士	1945年4月兴化沙沟因战牺牲

续表

姓　名	性别	籍贯	牺牲前所在单位及职务	牺牲时间、地点、原因等
陈春寿	男	滨江镇苏余村	苏浙军区4纵队10支队战士	1945年5月浙江孝丰战斗因战牺牲
何坤岳	男	滨江镇马甸村	泰兴县独立团1营3连1排战士	1945年7月泰兴姜堰因战牺牲
周守让	男	滨江镇石桥村	新四军苏浙军区第4纵队特务员	1945年9月泰兴天星港因公牺牲
封碗庭	男	滨江镇顾阚村	新四军1师1旅3团1营1连副班长	1945年9月盐城因战牺牲
樊伯成	男	滨江镇天星村	新四军老二团战士	1945年10月盐城伍佑因公牺牲
刘干厚	男	滨江镇大何庄村	新四军某部排长	1945年10月兴化沙沟因战牺牲
赵文宣	男	滨江镇大何庄村	新四军某部班长	1945年10月兴化沙沟因战牺牲
戴春海	男	滨江镇石桥村	新四军1师1团战士	1945年12月泰县姜堰因战牺牲
封　彬	男	滨江镇长沟村	泰兴县独立团1营2连战士	1946年泰兴姚家垈因战牺牲
马巍山	男	滨江镇中港村	城西区中港乡副乡长	1946年泰兴蒋华蒋道因战牺牲
王龙华	男	滨江镇蒋港村	新四军3分区11团2营6连3排9班班长	1946年泰县姜堰因战牺牲
曹伯良	男	滨江镇永新村	三义乡地下工作人员	1946年泰兴马甸蒋家巷被捕牺牲
陈太忠	男	滨江镇苏垒村	泰兴县独立团战士	1946年泰兴宣堡毛家群因战牺牲
曹府成	男	滨江镇永新村	泰兴县独立团战士	1946年2月泰兴虾子港因战牺牲
侯德明	男	滨江镇仁寿村	分区11团1营2连战士	1946年3月泰州房家庄因战牺牲
陶金华	男	滨江镇天星村	泰兴县江防游击队指导员	1946年4月泰兴县仙人堂被捕牺牲
蒋宏法	男	滨江镇过船村	新四军1师1旅2团1营战士	1946年6月泰兴城因战牺牲
常天成	男	滨江镇天星村	华东野战军1师1旅2团1营指导员	1946年7月泰兴宣堡因战牺牲
曹裕俊	男	滨江镇永新村	海安县团会计	1946年8月海安战斗牺牲
陈高生	男	滨江镇天星村	2分区5团1连班长	1946年9月江都邵北被捕牺牲
陈金龙	男	滨江镇蔡桥村	华中野战军6纵52团1营3连1排战士	1946年11月涟水因战牺牲
姚德才	男	滨江镇中港村	6师18旅52团1营2连班长	1946年11月涟水因战牺牲
侯玉业	男	滨江镇大马庄村	6师16旅46团副班长	1946年11月涟水因战牺牲

续表

姓　名	性别	籍贯	牺牲前所在单位及职务	牺牲时间、地点、原因等
何广富	男	滨江镇大何庄村	华东野战军6纵18师52团3营战士	1947年山东沙土集因战牺牲
季少清	男	滨江镇苏余村	华东野战军1纵队1师2团副连长	1947年安徽肖凤桃花山因战牺牲
王桂林	男	滨江镇马甸村	泰兴县独立团4连2排排长	1947年泰兴口岸摩陀巷因战牺牲
沈井堂	男	滨江镇新星村	蒋华区乐善乡指导员	1947年泰兴县珊瑚因战牺牲
刘逢春	男	滨江镇天星村	城西区元桥乡联络员	1947年泰兴张家坝被捕牺牲
张甫成	男	滨江镇天星村	蒋华区游击队联络员	1947年泰兴宋桥被捕牺牲
王桂林	男	滨江镇红旗村	华东野战军4纵队12师34团战士	1947年山东马山县因战牺牲
李正福	男	滨江镇蔡桥村	港岸乡乡长	1947年泰兴县西门被捕牺牲
周明官	男	滨江镇蒋港村	华东野战军11纵队31旅92团副排长	1947年1月海安县角斜因战牺牲
王　俊	男	滨江镇苏余村	华东野战军11纵队32旅96团排长	1947年2月东台县因战牺牲
花孩春	男	滨江镇永新村	泰兴县独立团战士	1947年3月泰兴县姚家庄因战牺牲
吴小贯	男	滨江镇永新村	泰兴县独立团战士	1947年3月泰兴姚家庄因战牺牲
季金宏	男	滨江镇蒋港村	泰兴县城区队战士	1947年3月泰兴姚家庄因战牺牲
丁峰祥	男	滨江镇红旗村	泰兴县独立团支部书记	1947年3月泰兴姚家庄因战牺牲
刘霞连	男	滨江镇西江村	泰兴县城西区税务所工作人员	1947年9月泰兴虾蟆圩因战牺牲
胡冬生	男	滨江镇长沟村	泰兴县城西区长沟乡乡队长	1947年11月泰兴县过船被捕牺牲
赵文祝	男	滨江镇长沟村	泰兴县城西区长沟乡支部书记	1947年12月泰兴县过船被捕牺牲
丁遐林	男	滨江镇印桥社区	地下工作者	上海三友社被捕牺牲
封天山	男	滨江镇天星村	西城区团结乡乡队长	1948年泰兴张家桥被捕牺牲
蒋义朋（曾用名蒋建明）	男	滨江镇新星村	泰兴县江防大队战士	1948年泰兴县天星因战牺牲
曹玉明	男	滨江镇永新村	华东第1军分区第1团机枪连机枪手	1948年3月泰兴失迷因战牺牲
张凯桂	男	滨江镇天星村	泰兴县团部社教	1948年5月泰兴印家院因战牺牲

续表

姓　名	性别	籍贯	牺牲前所在单位及职务	牺牲时间、地点、原因等
曹振托	男	滨江镇永新村	华东野战军1纵1师排长	1948年7月豫东战役牺牲
周老四	男	滨江镇大马庄村	城北区骈马乡大北村村长	1948年8月泰兴城北陈家花园被捕牺牲
季根银	男	滨江镇龙港村	城西区龙港乡副乡队长	1948年9月因战牺牲
郑达九	男	滨江镇龙港村	泰兴县城西区龙港乡乡财经	1948年9月泰兴县过船因公牺牲
徐国良	男	滨江镇大马庄村	城西区武工队队员	1948年10月泰兴渡子河因战牺牲
叶九小	男	滨江镇蒋榨村	泰兴县城西区元桥乡游击队通讯员	1948年10月泰兴天星桥因公牺牲
陈明堂（曾用名陈达章）	男	滨江镇中兴村	华东野战军6纵18师52团3营9连连长	1948年11月淮海战役牺牲
杜金元	男	滨江镇天星村	城西区元桥乡挺进队队员	1948年11月泰兴县蒋华因战牺牲
卜天甫	男	滨江镇小马庄村	志愿军20军战士	1950年朝鲜失踪，1960年追认
杨学官	男	滨江镇过船村	12军35师104团3营战士	1950年2月四川江津因战牺牲
蒋生章	男	滨江镇中港村	城西区中港乡乡队长	1950年4月泰兴县过船因战牺牲
戴士山	男	滨江镇龙港村	25军机帆大队海员	1950年8月浙江温州因公牺牲
周培基	男	滨江镇长沟村	29军85师253团医疗队队长	1950年10月舟山群岛因战牺牲
张　云	男	滨江镇大马庄村	志愿军25军59师175团侦察参谋	1951年4月朝鲜因战牺牲
赵润武	男	滨江镇长沟村	志愿军26军226团战士	1952年3月朝鲜平津淮因战牺牲
杨桂堂	男	滨江镇蔡桥村	志愿军炮兵47团后勤副排长	1952年9月朝鲜因战牺牲
曹永伟（曾用名曹永龙）	男	滨江镇龙港村	浙江公安50团卫生员	1952年10月浙江马官山因公牺牲
蒋荣堂	男	滨江镇龙港村	志愿军后勤部1分部3大队战士	1952年10月朝鲜三登因战牺牲
姜德生	男	滨江镇蔡桥村	20军60师1791连战士	1953年6月浙江大小鹿岛因战牺牲
张树俊	男	滨江镇苏余村	志愿军301师603团3连班长	1953年7月朝鲜因战牺牲
奚金龙	男	滨江镇石桥村	志愿军23军67师200团7连战士	1953年7月朝鲜铁原郡因战牺牲
徐风雨	男	滨江镇大马庄村	志愿军76师226团7连战士	1957年12月朝鲜平津因战牺牲

续表

姓　名	性别	籍贯	牺牲前所在单位及职务	牺牲时间、地点、原因等
李玉连	男	滨江镇印桥社区	南京军区装甲兵司令部摩托通讯员	1966年9月江宁因公牺牲
羊寿章	男	滨江镇西江村	4310部队副排长	1966年11月浙江宁波因公牺牲
陈荣生	男	滨江镇中兴村	6316部队通信排排长	1967年7月无锡杨湾因公牺牲
芦金成	男	滨江镇卢碾村	海军司令部工程建筑处新兵连战士	1970年北京因公牺牲
杨汉文	男	滨江镇蒋榨村	海军政治部总务处战士	1973年6月北京西郊因公牺牲
蒋连生	男	滨江镇过船村	20军58师172团1营机枪连战士	1973年7月杭州郊区因公牺牲
卜兰泉	男	滨江镇小马庄村	37392部队2中队18分队战士	1976年8月青岛因公牺牲
严福生	男	滨江镇石桥村	广西军区独立师3团3营8连班长	1979年3月对越自卫还击战牺牲
常国林	男	滨江镇红旗村	航空兵第1师运五中队无线电员	1980年1月辽宁鞍山市因公牺牲

表14

2021年底滨江镇先进模范人物一览表

姓　名	性别	出生年月	表彰时间及荣誉称号
马邦石	男	1930.10	1952年获评扬州市劳动模范
李恺宽	男	1926.10	1956年获评江苏省优秀教师
戴松林	男	1925.2	1959年获评江苏省劳动模范
卜　亮	男	1935.8	1960年获评江苏省先进工作者
徐国庆	男	1927	1976年获评江苏省劳动模范
印淑平	女	1926	1979年获评全国“三八红旗手”
何金兰	女	1933	1979年获评全国“三八红旗手”
侯瑞成	男	1946.2	1984年获评江苏省劳动模范
周育明	男	1952.8	1989年获评扬州市优秀教育工作者
蔡国仁	男	1944.12	1990年获评江苏省见义勇为先进个人

续表

姓　名	性别	出生年月	表彰时间及荣誉称号
周育才	女	1954.7	1993年江苏省教委、省人事局联合授予“江苏省优秀教育工作者”称号
虞锡龙	男	1952.6	1993年被授予“全国优秀教师奖章”
季红兵	男	1967.6	1995年共青团江苏省委授予“省新长征突击手”称号，1996年共青团中央少工委、文化扶贫委员会、《辅导员》杂志社、《中国少年报》联合授予“全国优秀手拉手辅导员”称号
秦培元	男	1962.5	1995年被评为全国优秀教师，2011年泰州市政府授予“泰州市名校长”称号
蒋德金	男	1936.11	1996年获评江苏省劳动模范
唐月华	女	1965.9	1998年人事部、教育部授予“全国教育系统劳动模范”称号
宗子明	男	1943.10	1998年被评为江苏省长江防汛抗洪先进个人
周育敏	女	1963.3	1999年获评泰州市劳动模范
潘　勇	男	1948.10	1999年泰州市政府授予“泰州市有突出贡献的中青年专家”称号
殷美娟	女	1953.12	2001年获评全国司法行政系统先进个人，记一等功。2001年获评江苏省劳动模范
冷松如	男	1954.5	2001年江苏省委授予“优秀共产党员”称号，同年被国家人事部、国家税务总局授予“全国地税系统先进工作者”称号
董爱武	女	1970.9	2003年教育部授予“优秀青年教师”称号， 2007年获第四届“中国青年女科学家”称号，2009年获上海市“三八红旗手”称号
肖伯元	男	1956.12	2003年获评泰州市劳动模范
周春林	男	1969.7	2004年江苏省总工会授予“五一劳动奖章”
徐　敢	男	1972.1	2005年获评泰州市“十大杰出青年”，同年获泰州市“五一劳动奖章”
曹伟林	男	1972.9	2005年获“泰州市师德模范”称号，2011年泰州市委教育工作委员会、泰州市教育局授予“泰州市名教师”称号
成玉刚	男	1970.1	2006年获评江苏省劳动模范
孔德怀	男	1953.4	2007年获评泰州市劳动模范，2011年获评江苏省劳动模范
汪　琴	女	1953.1	2007年获评泰州市劳动模范
陈日新	男	1962.1	2007年获评泰州市劳动模范
王菊生	男	1962.4	2007年获评全省公安派出所“111”工程首批优秀民警
王　峰	男	1979.4	2007年获评全省公安派出所“111”工程首批优秀民警
郑爱民	男	1971.7	2009年获“江苏省新长征突击手”称号

续表

姓　名	性别	出生年月	表彰时间及荣誉称号
张红星	女	1969.10	2009年江苏省司法厅记个人二等功，2010年司法部授予“全国模范人民调解员”称号，同年省政法委授予“江苏省杰出人民调解员”称号，2011年人力资源部、司法部授予“全国司法系统先进工作者”称号，2012年获“全国人民调解能手”称号
常永铎	男	1962	2010年获评新疆维吾尔自治区劳动模范
潘石泉	男	1956.1	2010年获评泰州市劳动模范
赵卫国	男	1959.1	2010年获评泰州市劳动模范
肖留建	男	1960.5	2012年江苏省总工会授予“五一劳动奖章”
莫辉生	男	1963.8	2013年获评江苏省“最美司法所长”，同年司法部授予“全国司法系统先进个人”称号
沙德宏	男	1966.4	2014获评江苏省劳动模范，同年中华全国总工会授予全国“五一劳动奖章”
曹龙祥	男	1957.9	2015年5月获评全国劳动模范
曲家才	男	1965.5	2015年江苏省总工会授予“五一劳动奖章”
杨建华	男	1958.11	2015年泰州市委、市政府记个人三等功
黄曲荣	男	1962.1	2016年获评江苏省劳动模范
蒋富生	男	1963.8	2016年泰州市政法委员会、泰州市人力资源和社会保障局、泰州市公务员局联合记个人三等功
张玉建	男	1975.9	2016年获评泰州市劳动模范
曹　飞	男	1983.7	2016年获评泰州市劳动模范
符建林	男	1964.4	2016年获评泰州市劳动模范
季红军	男	1965.7	2017年国家人力资源和社会保障部、住房和城乡建设部联合授予“全国住房城乡建设系统劳动模范”称号
常海林	男	1972.12	2017年江苏省总工会授予“五一劳动奖章”
鞠苏华	男	1965.9	2021年获评江苏省劳动模范

大 事 记

五代

南唐升元元年（937）

海陵县置州，称泰州。同时析海陵南境5乡置泰兴县，滨江属之。

宋

北宋宣和四年（1122）

境域随泰兴县改属扬州，以后又先后多次改属泰州、扬州。

南宋初

名将岳飞在境域草甸子驻扎时盖马厩、放牧军马，后得名马甸和小马庄、大马庄。

元

至正二年（1342）

农历八月初四日　境域内长江水一夜之间枯竭见底。

明

永乐二年（1404）

泰兴县修筑长6650丈、高1.5丈的江堤（含长江滨江段）。

境域随泰兴县属扬州府。

清

道光二十九至三十年（1849—1850）

知县张行澍修筑北自庙湾，南至王家港（现天星桥）江堤，长8000余丈，高1丈，宽5尺，基宽3丈。人称张公堤，以志其功。

光绪九年（1883）

知县陈谟修筑北自庙港，南至靖泰界河江堤，长1.4万余丈，高1丈，宽5尺。

光绪十八年（1892）

长江通商章程颁布后，外国商轮在天星桥停靠载客，为泰兴停泊外轮最早港口。

中华民国

1939年

9月28日　日军兵舰停泊天星桥江边，炮击泰兴城，发弹30多枚，坠落城郊宝塔湾、闻家埭、十里甸等地。

1940年

1月16日　日海军陆战队广野部队从天星桥、七圩港登陆，侵占泰兴县城。

1945年

2月7日　沪口线万吉客货轮在天星桥附近江面触及鱼雷炸沉，淹死旅客100多人。

10月15日　新四军苏浙军区第四纵队队部、十支队部分指战员、苏南解放区部分地方干部和民兵近1000人，乘“中安轮”北渡长江，不幸于天星桥附近沉船，纵队政委韦一平、苏南行政公署财经处长李建模等800余人遇难。渔民丁广田驾船勇救新四军指战员30多人。

1949年

1月24日　境域解放。

4月　渔民丁广田协助人民解放军受降敌舰“永记号”，获“全国特等渡江功臣”称号，其船被誉为“扬子江上英雄船”。

中华人民共和国

1954年

1月13日　江水又一次枯竭。

8月　水灾严重，农田淹没，多人死亡。

1955年

2月4日　中华人民共和国成立后第一次全面修复江堤，北起杨湾，南至靖泰界河口，总长48.94千米。滨江境域内长17.84千米。

1956年

10月18日　城西法轮塔被江苏省人民委员会列为三级文物保护单位。

1958年

8月　在古马干河入江1000米处建成马甸节制闸，总造价85.6万元。

1959年

2月　在如泰运河入江处建过船节制闸，总造价41.7万元。

4月　泰兴县马甸茶场建办，面积90亩。是年9月，并入马甸养殖场。

1960年

1月　天星港淤浅，枯水期断航，江苏省交通厅决定新建过船港码头，经营长江客轮停靠业务。

是年　“中安轮”打捞起浮，“中安轮”烈士忠骨被安葬在新星村（原新星小学西侧）。

1965年

3月　江苏省人民政府和扬州专署拨款在过船乡沈垈村、天星乡洋思村围垦江滩57.66公顷建“麻风村”，1967年5月命名其为泰兴县滨江医院。

1968年

冬　永安洲东夹江围垦，从龙窝口至马甸港口，围滩地3150亩，安排渔民定居，发展水面养殖。

1971年

是年　过船砖瓦厂设水泥车间，年产水泥3000吨。

1972年

冬　中华人民共和国成立后第二次修复江堤，重点退建险要坍江地段，增添块石护坡、护脚。

1974年

冬　中华人民共和国成立后第三次江堤加固。

1978年

是年　地方国营泰兴造船厂建成第一条千吨级钢质船，为境内第一艘大吨位货船。

1980年

12月　中华人民共和国成立后第四次江堤加高培厚。翌年3月竣工。

1982年

是年　泰兴县皮肤病防治医院院长冯璧（女）被评为江苏省劳动模范，1983年被评为全国卫生战线先进工作者，1985年当选为省人大代表，1987年当选为中共第十三次全国代表大会代表。

1985年

7月20日　投资3800万元在马甸兴建的泰兴电厂竣工运营，装机容量为2×1.2万千瓦，年上网电量1.5亿千瓦时，为中华人民共和国成立后县内最大建设工程。

1986年

7月8日　泰兴县委、县政府为新四军北撤渡江的800多名死难烈士举行遗骨迁葬仪式（由新星村迁至泰兴镇北郊）。

1987年

1月　马甸乡撤销，建马甸镇。

1988年

6月　过船乡撤销，建过船镇。

7月28日　江苏省政府批准马甸、天星、城西、过船等乡镇为泰兴县第一批对外开放重点工业卫星乡镇。

1989年

是年　天星、马甸等乡镇社会总产值超1亿元。

1990年

10月16日　泰兴电厂深井饮用天然矿泉水通过鉴定，达到天然矿泉水国家标准，为江苏省内第八处获开发的矿泉水点。

1991年

5月28日　泰兴县政府成立泰兴县沿江化工开发区领导小组。

10月　泰兴县第九届人民代表大会第二次会议决定建立沿江化工开发区、西北工业开发区、马甸热电开发区。

11月　泰兴市沿江化工开发区举行第一期项目开工仪式。

1992年

2月1日　泰兴市政府同意《泰兴市沿江化工开发区控制性规划》，沿江化工开发区总用地为1.32平方千米，人口容量为1万人左右。

8月2日　泰兴电瓷砖瓦厂码头段江滩崩坍，坍长约200米，宽约60米。

8月18日　泰兴县委、县政府举行泰兴市沿江化工开发区首批项目投产典礼暨新闻发布会，化工部部长顾秀莲题词："依托黄金水道，盛开化工之花。"

9月5日　泰兴过船港套闸改建竣工，正式通航。

是年　天星乡工业产值超2亿元。

1993年

1月　撤销天星乡，建天星镇。

是月　改城西乡为大生镇。

5月18日　泰兴市政府成立泰兴市沿江化工（集团）总公司。

5月21日　泰兴市政府原则同意《泰兴市沿江化工开发区规划》，规划面积4.62平方千米，其中起步面积1.32平方千米，界址为东到闸南路，南到洋思港，西到长江边，北到如泰运河。

5月25日　江苏省委书记沈达人视察沿江化工开发区。

7月6日　国家防汛总指挥部副总指挥、水利部副部长何璟，电力工业部副部长汪恕诚，交通部副部长刘松金等乘船检查泰兴杨湾至过船一线的江岸坍塌情况及防汛工作。

7月12日　泰兴市沿江化工开发区管理委员会成立。

10月23日　全国人大常委会原副秘书长、新华通讯社原社长曾涛一行5人视察泰兴市沿江化工开发区。

11月11日　泰兴市沿江化工开发区被命名为江苏省泰兴经济开发区。

1994年

5月18—22日　江苏省泰兴经济开发区召开招商会。会议共推出152个招商项目，融通资金312万美元，达成贸易额3465万元。

7月12日　总投资1.4亿元的沿江电厂第一台6000千瓦机组正式并网发电。

8月　过船镇中港村、沈垡村划归江苏省泰兴经济开发区管理。

10月8日　通江路竣工通车。通江路东起国庆西路与江平线交界处，西至长江边，全长5700米，总造价800万元。

1995年

12月17日　江苏省泰兴经济开发区与新加坡泛亚集团签订出让土地800亩的协议，新方独资3000万美元建设年产4万吨离子膜烧碱项目。

是月　泰兴开发区引进新浦化工氯碱系列项目，成立新浦化学（泰兴）有限公司，为首家进区的外商独资企业。

1996年

2月4日　过船港新客运码头建成通航。

8月8日　中外合资泰兴太平洋有限公司12万吨液化气项目开工。1997年11月21日，液化气码头竣工。1998年5月4日正式投产。

1997年

3月22日　省委副书记许仲林视察江苏省泰兴经济开发区。

10月25日　泰兴市政府召开“三江工程”（江堤、江涵、江闸）建设动员会，启动建设江苏省泰兴经济开发区沿江路，对辖区内所有通江涵闸实施改造。

1998年

5月18日　新浦化学（泰兴）有限公司年产6万吨离子膜烧碱项目投产。

8月7日　凌晨2时左右，如泰运河口北侧过船船厂上游350米处发生江岸崩坍，坍落芦苇滩长80米，宽40米；8月18日再次坍江，坍长100米，坍宽70米。泰州市委书记陈宝田、泰兴市委书记常龙福现场指挥应急抢险。

1999年

4月5日　省公安厅授予泰兴市公安局过船派出所1998年度“人民满意派出所”称号。

5月15日　法国SNF公司独资的爱森（中国）絮凝剂有限公司年产5万吨聚丙烯酰胺项目开工建设。

11月17日　副省长姜永荣督查境域内江堤达标工程建设情况。

2000年

2月　天星镇洋思村、过船镇柿园村划归江苏省泰兴经济开发区管理。

是月　天星镇撤销，并入大生镇。

3月10日　泰兴市锦鸡染料有限公司投资4123.13万元建设的国家级“双加”技改项目——年产1000吨ME型活性染料项目竣工投产。

2001年

2月20日　泰兴市锦鸡染料有限公司被省委、省政府表彰为“企业脱困先进单位”。

3月1日　过船水上派出所获“全国公安系统优秀基层单位”称号，为泰州市首家。

3月5日　江苏光明化工股份有限公司与意大利迪那拉公司签订进口年产1.25万吨离子膜氢氧化钾生产线关键设备合同。

5月8日　新浦化学（泰兴）有限公司年产5万吨离子膜烧碱扩建工程开工，总投资1.5亿元。

5月18日　泰兴市政府原则同意重新修订的《江苏省泰兴经济开发区规划》，调整后，江苏省泰兴经济开发区规划范围东至泰常路，西至长江边，北至团结河，南至芦坝港，总规划面积为20.45平方千米。

6月1日　过船长江客运渡口撤销。

6月　沈垈村、中港村、柿园村合并为新的中港村。

9月4日　水利部部长汪恕诚视察长江江堤泰兴天星示范段及天星港闸。

12月7日　泰兴市江堤达标工程通过省和泰州市综合验收。该工程北起泰兴东夹江闸，南至靖泰交界的界河闸，历时5年，建设资金1.25亿元。

2002年

2月28日　新浦化学（泰兴）有限公司二期扩建增容2.4万千伏安供电工程通过验收，一次性成功送电。

4月18日　“中国精细化工（泰兴）开发园区”授牌仪式在泰兴举行。

6月13日　国内最大的氯乙酸原料生产企业——阿克苏·诺贝尔氯乙酸化工泰兴有限公司开工，总投资2100万美元，建成后年产食品级氯乙酸2.5万吨，约占全国产量的1/4。

9月28日　江苏中丹集团股份有限公司被农业部授予“全国诚信守法企业”称号。

12月8日　总投资近1000万元的110千伏泰兴新浦变电所升压改建、扩建工程竣工，泰兴市首座110千伏客户变电所投入运行。

2003年

2月22日　江苏济川药业集团有限公司5个剂型产品通过国家GMPC（药品生产质量管理）认证现场验收。5月4日，该集团被认定为“国家级高新技术企业”。

5月10日　江苏瑞和化肥有限公司年产10万吨硫酸钾复合肥项目竣工投产。

5月23日　省委书记李源潮视察爱森公司、阿克苏·诺贝尔公司、新浦公司、污水处理厂等企业及码头。

6月6日　省长梁保华视察阿克苏·诺贝尔公司、爱森公司、新浦公司、污水处理厂及码头。

6月14日　江苏省泰兴经济开发区与江苏三木集团签订协议，三木集团投资5亿元，用地0.53平方千米，开发石油化工项目。

是月　新浦化学（泰兴）有限公司追加投资14.5亿元，在如泰运河以北征地1平方千米，兴办新浦化学工业园。

7月20日　泰兴市成兴国有资产经营投资有限公司与4家银行达成协议，融资1亿元用于如泰运河以北开发新区基础设施建设。

7月22日18时左右　大生镇部分村组遭龙卷风、强雷电袭击，损毁房屋8户15间、厂房16间。天星村一村民遭雷击身亡。

8月27日　新浦化工码头通过省级验收。该码头位于如泰运河入江口上游约250米处，总投入900万元，于2003年5月竣工。码头全长134米、宽13.9米，靠泊能力8000吨级，仓储能力3万吨。

10月24日　《泰兴市沿江开发总体规划》通过江苏省、泰州市专家组评审。

2004年

1月10日　江苏省泰兴经济开发区管委会与香港并丰集团签订油脂化工项目协议，其中一期工程投资3000万美元。

6月23日　江苏中丹集团股份有限公司被全国总工会、国家安全生产监督管理局表彰为全国“安康杯”竞赛优胜企业。

6月29日　华东油脂工业（泰兴）有限公司在江苏省泰兴经济开发区成立。

7月21日　江苏中丹集团投资1亿元创办的江苏中丹制药有限公司通过国家食品药品监督管理局国家级GMP认证。

10月18日　投资近1亿元的200千伏洋思变电所投入运行。

2005年

6月28日　江苏省泰兴经济开发区与香港富力亚洲集团有限公司举行“万吨级通用码头合作项目框架协议”签字仪式。

7月28日　国家火炬计划基地立项评审组7名专家，全票通过江苏省泰兴经济开发区为全国唯一的精细与专用化学品产业基地。

8月30日　泰兴市公安局过船水上派出所被评为2003—2004年度全国公安系统优秀单位。

是月　洋思中学迁至新校区（泰兴城区）。

2006年

2月25日　以色列死海溴集团考察江苏省泰兴经济开发区。

6月16日　大生镇蒋榨村、红旗村以及蔡桥村五杨片划归江苏省泰兴经济开发区管理。

7月1日　泰兴滨江大桥建成通车。

7月28日　先尼科化工（泰兴）有限公司征地0.2平方千米，建设精细化工生产基地，生产涂料添加剂，总投资6000万美元。

8月10日　以色列化工代表团考察江苏省泰兴经济开发区。

9月5日　中国精细化工（泰兴）开发园区在北京召开产业发展汇报暨投资环境说明会。

2007年

3月6日　新浦化学（泰兴）有限公司被授予“江苏省和谐劳动关系模范企业”称号。

5月1日　全国最大的医药制剂综合楼在济川医药工业园区开工。该工程建筑面积4万平方米，包括大输液、冻干粉针、头孢粉针、固体制剂、口服液等11个生产车间。

5月15日　过船镇、大生镇撤销。过船镇所辖区域，大生镇管辖的天星桥居委会和天星、新星、翻身、卢碾等4个村，以及委托江苏省泰兴经济开发区管理的洋思、中港、红旗、蒋榨、五杨5个村合并设立滨江镇。

10月15日　新加坡万得化工泰兴有限公司二期工程开工建设。该工程总投资1000万美元，设计年产1.2万吨活性染料。

2008年

4月16日　世界中医学会联合会儿科专业委员会筹备委员会在江苏济川药业集团有限公司成立。

6月16日　江苏省泰兴经济开发区超亿元项目——诺菲斯特种化学品有限公司铝铂生产线竣工投产。

12月16日　香港瑞杰国际（控股）有限公司投资的锦华石油化工项目开工。

是月　泰兴城区科技工业园以及泰兴镇的张庄、郭庄、向阳等村，划归江苏省泰兴经济开发区（滨江镇）管辖。

是年　教育部授予大何庄村何庄四组刘峰“全国见义勇为优秀大学生”称号。

是年　过船水上派出所、江苏省泰兴经济开发区派出所被公安部授予“一级公安派出所”称号。2010年，再次获该荣誉。

是年　国务院第二次全国农业普查领导小组办公室授予滨江镇“第二次全国农业普查先进集体”称号。

2009年

是年　中港村被江苏省依法治省领导小组授予“江苏省民主法治示范村”称号。

是年　马甸小学被江苏省教育厅授予“江苏省平安校园”称号。

2010年

3月22日　泰兴镇所属的蔡桥村东曹、中曹、西曹、蔡桥、王庄、徐垈、殷庄、周庄、朱园、小桥、宗垈、蒋园等12个组，延陵村周庄、鲁庄、李垈、成庄、凌园等5个组以及泰兴市水产良种场、泰兴良种场、江海实业总公司划归江苏省泰兴经济开发区管理。

4月6日　马甸镇与滨江镇合并，设立新的滨江镇。

7月29日　卫生部副部长王国强考察江苏济川药业集团有限公司。

12月13日　卫生部副部长刘谦视察江苏济川药业集团有限公司。

2011年

1月13日　省委书记罗志军视察江苏省泰兴经济开发区。

1月19日　比利时苏威集团投资1.36亿美元的环氧氯丙烷项目落户江苏省泰兴经济开发区。

3月29日　总投资28亿元的梅兰集团新材料（泰兴）产业园奠基。

2012年

1月19日　滨江镇开通镇村公交。

4月25日　阿贝尔化学（江苏）有限公司年产50万吨苯乙烯项目奠基，总投资3亿美元。

7月28日　江苏省泰兴经济开发区与上海碧科清洁能源技术有限公司签订“甲醇制烯烃”（MTO）一体化项目协议。

2013年

4月3日　江苏沙钢集团董事长沈文荣、台湾前工业总会理事长陈武雄一行考察沙桐化学建设情况，并出席盛泰科技有限公司脂肪醇乙醇胺项目开工典礼。

5月8日　省委书记罗志军视察江苏省泰兴经济开发区。

是年，蔡桥村被国家减灾委员会、民政部授予防震减灾示范村称号。

2014年

3月5日　省委副书记石泰峰调研沙桐（泰兴）化学有限公司。

4月21日　省委常委、省军区政委李笃信到江苏济川药业集团有限公司调研非公企业群众路线教育实践活动。

4月28日　江苏省泰兴经济开发区博特新材料产业园等5个重大项目集中开工。

7月　滨江镇向阳、张庄、郭庄等3个村整建制划归济川街道代管。

8月7日　泰州市委书记蓝绍敏调研江苏盛泰化学科技有限公司项目建设情况。

2015年

3月　为纪念中安轮烈士遇难70周年，省民政厅批准滨江镇新星村建设中安轮烈士纪念广场。

7月9日　泰州市委书记蓝绍敏考察江苏省泰兴经济开发区项目建设情况。

10月28日　泰州市委副书记、组织部部长史立军调研指导江苏济川药业集团有限公司“三服务”（服务基层、服务群众、服务民生）工作。

2016年

5月1日　泰州市市长史立军、副市长杨杰督查江苏省泰兴经济开发区企业安全生产。

7月10日　泰州市副市长陈明冠检查泰兴市天星闸防汛、防台风工作。

7月18日　江苏济川药业集团有限公司举行教育发展基金设立暨泰兴中学首届“清北奖”颁奖仪式。

11月　江苏济川药业集团有限公司生产的“蒲地蓝可炎宁”牙膏获国家发明专利。

12月5日　水利部长江水利委员会砂管局局长夏细禾带队视察泰兴市长江段、天星洲汊道段河道综合整治工程第二年度采砂项目。

12月7日　水利部长江水利委员会主任魏山忠调研泰兴市长江岸线保护和开发利用天星洲汊道段河道综合整治工程。

12月28日　江苏省医药行业“最具竞争力优秀品牌企业”荣誉榜揭晓，江苏济川药业集团有限公司上榜。

是年　仁寿村被国家减灾委员会、民政部授予防震减灾示范村称号。

2017年

3月2日　江苏省泰兴经济开发区举行一季度重大项目集中开工仪式，6个项目总投资28.58亿元。

4月8日　中国涂料工业协会会长孙莲英一行考察江苏省泰兴经济开发区涂料产业发展情况。

5月3日　泰州市委书记曲福田视察泰兴马甸水利枢纽改建工程。

5月5日　泰兴金燕化学科技有限公司与世界500强企业德国林德集团举行项目合作签约仪式。

6月16日　江苏省泰兴经济开发区举行二季度重大项目集中开工仪式，6个项目总投资20.5亿元。

7月9日　中国石油和化学工业联合会会长李寿生考察江苏省泰兴经济开发区。

9月7日　黄河水利委员会建设与管理局巡视员杨明云一行考察泰兴市马甸水利枢纽改建工程建设情况。

10月5日　江苏济川药业集团有限公司举行第二届“清北奖”颁奖典礼暨济川药业奖学金颁发仪式。

11月14日　江苏省泰兴经济开发区在上海举行转型升级暨国际化合作发展研讨会。

11月19日　环保部环境与经济政策研究中心主任吴舜泽调研江苏省泰兴经济开发区绿色转型工作。

是月　江苏省泰兴经济开发区被考评为省级开发区第七位，排名前移三位。

12月8日　泰兴市举行2017年“三区三园”亿元以上竣工项目集中展示暨江苏省泰兴经济开发区四季度重大项目集中开工仪式。

是月　第十九届中国专利奖评审结果揭晓，江苏济川药业集团有限公司获中国专利优秀奖。

是年　仁寿村被国务院防范和处理邪教问题办公室授予创建无邪教示范区称号。

是年　仁寿村农家书屋被评为全国示范农家书屋。

2018年

10月18日　江苏省民政厅专题调研督查滨江镇退役军人和其他优抚对

象信息采集工作。

是年　江苏省泰兴经济开发区被工信部列入第二批绿色制造示范名单。

2019年

8月28日　滨江镇社区服务中心投入使用。社区服务中心大楼共四层，为辖区居民提供一站式服务。

是年　滨江镇上榜2019中国百强乡镇名单，位列第47位，是泰州唯一上榜的乡镇。

是年　仁寿村上榜全国乡村治理示范村候选名单。

是年　泰兴经济开发区新建10万平方米工业污水处理厂，日污水处理能力5万吨，为全国规模最大的精细化工污水处理厂。

2020年

3月17日　副省长赵世勇调研泰州生态环境工作，考察泰兴经济开发区健康长江指挥中心、污泥堆存现场、生态湿地排口工程、百力化学、常隆农化接管排口、雨洪径流排口以及循环经济产业园建设情况。

3月18日　泰兴经济开发区举办2020年一季度重大项目集中开工活动，集中开工项目5个，总投资111.3亿元。

3月19日　副省长马秋林调研泰兴经济开发区化工园区整治提升情况。

3月25日　国务院安全生产督导组王浩水（国务院安委办副主任、原应急部总工程师）一行到泰兴经济开发区危化品停车场、博特新材料、新浦轻烃一体化项目等处实地察看，通过座谈等形式了解工作情况。

3月25日　省政协主席黄莉新到泰兴调研，先后考察济川药业集团、泰兴市滨江镇委员活动之家暨“有事好商量”协商议事室。

4月14日　泰州市委书记史立军到滨江镇调研长江大保护工作。

4月17日　国家粮食和物资储备局上海局领导潘一闽一行到滨江镇参观考察，签订655工程项目建设战略合作协议。

5月12日　全省产业园区生态环境政策集成改革试点现场推进会在泰兴召开。与会人员分两组到安全环保应急平台、滨江污水处理厂尾水涵养湿地和药妆产业集聚区、格林美（江苏）钴业股份有限公司现场考察。

6月15日　位于滨江镇的“健康长江泰州行动”指挥中心投入运行。

6月　总面积约15平方千米、总投资约6.2亿元的泰兴长江生态廊道建成开放。

7月1日　省工信厅副厅长李强到开发区调研转型升级高质量发展情况，实地查看危化品停车场、格林美公司、特勤消防站、新浦轻烃一体化项目、静脉产业园等地。

7月9日　泰州市委书记史立军一行到开发区调研长江大保护工作，现场调研常隆化工排污口和健康长江指挥中心。

7月10日　开发区举行新高（江苏）日用品有限公司奠基仪式。市委书记宣布新高（江苏）日用品有限公司日化项目开工，并为项目开工剪彩、奠基培土。

7月14日　省委常委、省纪委书记王常松先后到危化品停车场、新浦、格林美、生态廊道、生态文明教育基地视察，详细了解安全环保应急平台，企业疫情防控、复工复产复业，生态廊道及文明教育基地建设等有关情况。

7月19日　市委副书记、市长张坤带领水务、住建、农业农村、气象等部门负责人到开发区检查防汛工作，现场查看易坍段水流水位，了解防汛设施、物资储备与应急措施等情况。

7月21日　泰州市委书记史立军，泰州市委副书记、市长朱立凡分别率队到开发区现场督查“三比一提升”项目建设情况。

8月12日　省政协副主席、民建江苏省委主委洪慧民到开发区调研，考察新浦化学（泰兴）有限公司，并在管委会举行座谈会，听取市政府有关化工行业安全生产专项整治进展情况介绍。

9月28日　国家发展改革委基础司副司长李鸣带领国家长江办调研组到开发区调研污染治理情况，先后参观生态廊道、尾水生态湿地、常隆清下水排口、静脉产业园和综合管理指挥中心，详细了解生态修复、水体水质、固废处置、安全环保监控等工作情况。

11月14日　“共舞长江经济带•看高质量发展”江苏站网络主题活动走进泰兴经济开发区，31家中央、省市级重点网络媒体记者编辑以聚焦“看高质量发展”主题，到长江生态廊道、生态文明教育基地、老A区现场、格林美钴业、新浦烯烃、静脉产业园等地，开展线下专题采访。

12月12日　以“共抓大保护　不搞大开发”为主题的第一届健康长江（泰州）高峰论坛在泰兴经济开发区开展现场观摩活动。国家生态环境保护专家委员会委员胡保林，中国社会科学院学部委员、中国生态文明研究与促进会副会长潘家华参加。

2021年

3月30日　新加坡金鹰集团董事局主席陈江和到经济开发区参观考察，先后到项目施工地块、尾水湿地、振华油脂参观，并围绕项目进行深入交流。

4月10日　泰兴经济开发区与苏博特子公司——江苏道成在南京举行签约仪式，“高性能不锈钢结构件及管件柔性成型与智能制造产业基地”项目落户泰兴经济开发区。中国工程院院士、江苏苏博特新材料股份有限公司董事长缪昌文出席。

4月18日　应急管理部党委委员、副部长刘伟带队到泰兴市调研危化品安全生产工作，先后到经济开发区澄江路停车场、博特新材料泰州有限公司、新浦烯烃（泰兴）有限公司、生态廊道、经济开发区实训基地等地调研。

4月28日　合全药业新药研发及生产基地项目开工奠基，泰州市委副书记、市长朱立凡宣布项目开工。药明康德执行副总裁、合全药业首席执行官陈民章，泰州市政府秘书长钱忠出席。

6月8日　副省长齐家滨到滨江镇开展化工行业安全生产专题宣讲。

8月10日　泰州市委副书记、代市长万闻华到开发区调研，先后到济川药业集团、新浦烯烃（泰兴）有限公司、格林美钴业股份有限公司实地调研，了解开发园区改革和企业发展，现场督查疫情防控工作。

9月13日　泰州市开展"三比一提升"项目建设现场督查活动。泰州市委书记朱立凡，市委副书记、代市长万闻华分别带领项目督查组，对开发区合全生命（原恒润）高端原料药项目、菱苏电子化学品项目、延长中燃轻烃一体化项目进行督查。

10月24日　泰兴经济开发区举行建区30周年高质量发展研讨会并举行7个创新平台项目、7个产业及科创孵化基金项目揭牌仪式。

11月1日　国家成品油储备655项目码头工程在泰兴经济开发区开工建设。

11月3日　2020年度国家科学技术奖励大会召开，由济川药业集团有限公司参与完成的《基于"物质–药代–功效"的中药创新研发理论与关键技术及其应用项目》获国家科技进步奖二等奖。

12月28日　省委书记吴政隆到泰兴经济开发区调研，先后参观"健康长江泰州行动"指挥中心和格林美钴业公司。

是年　泰兴经济开发区尾水净化生态湿地工程获2021年省生态安全缓冲区示范项目1500万元奖补。

编后记

2023年初，滨江镇启动江苏省名镇志《滨江镇志》编纂工作，并即时部署，切实把争创工作纳入重点工作安排和年度目标管理考核，有序组织推进。迅速成立由镇党委书记任主任、镇长任副主任、班子其他负责人为成员的省名镇志《滨江镇志》编纂委员会，及时研究和解决编纂工作中存在的问题和困难。同时成立专门编纂班子，邀请专家作为主笔统筹安排编纂工作，将原本50万字的泰州市名镇志《滨江镇志》按照省名镇志要求，进行增补、压缩，形成约14万字的初审稿。

5月23日，泰兴市党史方志办公室对志稿进行初审。根据初审意见，编纂人员进行认真梳理、归类整理，力促志书门类设置合理，体例规范科学，内容客观真实，区域特色明显，于6月初形成复审稿。6月28日，泰州市、泰兴市两级党史方志办领导、专家对志稿进行审读、评议，提出了修改建议并通过复审。根据专家复审意见，编写组对复审稿进行大幅改动，将下限年由原本的2017年延至2021年，并进行了篇目调整。编纂人员克服任务重、时间紧、人手少等困难，数易其稿，于9月底形成终审稿。同年10月30日，通过泰州市史志办组织的终审。根据终审会提出的修改意见，精心组织修改，加强校核工作，于2024年5月8日通过省地方志办公室组织的审核验收，并进一步修改完善，交付出版。

江苏省名镇志《滨江镇志》在篇目布局上注重突出滨江镇在全国及区域性“名”与“特”的影响、价值和发展模式的示范意义，注重理顺与江苏省泰兴经济开发区“区镇合一”的行政管理体制，立足主体，略区详镇，融合贯通。坚持思想性、资料性、科学性的有机统一，紧扣时代特色、地域特色和历史文化特色，系统翔实记述滨江镇的发展历程，充分反映改革开放的进程与成果，彰显“得天独厚的优势区、经济增长的引领区、特色产业的集聚区、项目开发的示范区、绿色发展的样板区、科技创新的先导区、乡村文明的和谐区”等亮点和特色。

江苏省名镇志《滨江镇志》的编纂出版，得到了省地方志办公室、泰州市党史方志办公室、泰兴市党史方志办公室的精心指导，凝聚了全镇各界人士的智慧，在此，谨向关心支持和付出辛勤劳动的各位领导、各界人士表示衷心的感谢！

由于时间相对紧促，又限于经验和水平，志书难免存在错误和不妥之处，或有个别图文未与作者确认，敬请广大读者批评指正。

编　者

2024年9月